Senza bavaglio

L'evoluzione del concetto di libertà di stampa

di **Cesario Picca**

ai miei amati genitori
Antonia e Francesco

*«...Il solo scopo del giornalismo
dovrebbe essere l'assistenza sociale.
La stampa riveste un potere gigantesco.
Ma come un torrente lasciato scorrere
liberamente può sommergere e devastare
intere campagne e raccolti, così anche
una penna adoperata senza freno
non può portare altro che distruzione.
Se, però, il controllo viene esercitato
dall'esterno risulta più dannoso addirittura
della mancanza di controllo, mentre
si dimostra utile solo se esercitato all'interno... »*

Gandhi, La mia vita per la libertà

Contenuti

10 Prologo
17 Capitolo I (L'aspetto storico del giornalismo in Italia)
17 Le origini
18 Il sapore della libertà
19 Ritorno al passato: la Restaurazione
20 Dalla Chiesa le prime libertà
21 Le riforme del 1847
22 Il 1848
23 Una ventata di libertà: l'Editto Albertino del 1848
24 L'Editto Albertino
27 Fine della libertà
28 I giornali dell'Italia unitaria
29 La stampa alla fine del 1800
30 La stampa di inizio '900
32 Il grande giornalismo
33 I giornali e la guerra
34 Il fascismo e la stampa
34 L'avvento del fascismo
35 Gli elogi e le speranze della categoria
36 L'era fascista
39 La dittatura fascista
41 Il Codice penale Rocco
42 Le disposizioni ai giornali
43 La modernizzazione dei quotidiani
43 La mobilitazione per l'impero
45 L'Italia entra in guerra
45 Torna la libertà
47 La Carta Costituzionale
50 L'avvento della televisione
52 Gli anni 70
55 L'era della televisione commerciale
57 Gli anni 90

62 Capitolo II (Libertà, informazione e democrazia)
62 Il concetto di libertà

63 Un concetto ampio
64 Libertà di informazione e di stampa
65 Libertà di stampa o della stampa?
65 Stampa e democrazia
69 Libertà di stampa, Cile e Bulgaria meglio dell'Italia
Rapporto di Reporters sans frontières
75 La funzione della stampa
78 No al sensazionalismo, ma più spazio all'approfondimento di Libero Mancuso
82 Viene sancita la libertà di parola
82 Libertà d'informazione nei documenti internazionali
84 Libertà come diritto negativo
84 Libertà e arbitrio
87 Informazione etica nell'interesse della collettività di Vittorio Roidi
91 I quattro principi della libertà dell'informazione
91 La legge sulla stampa
93 L'articolo 21 della Costituzione
95 Le discussioni sull'articolo 21
95 L'articolo 21 e il resto della Costituzione
81 Norma precettiva o programmatica?
99 Teoria funzionale e teoria individuale
102 Tutti i mezzi di informazione
106 Il diritto costituzionale moderno deve fare i conti con la tv di Augusto Barbera
111 Lontano dal dibattito internazionale
111 La libertà di pensiero, di stampa e di informazione
113 Corte, dottrina e libertà di informazione
114 Cronaca, critica e informazione
118 Cronaca nera e libertà di stampa fra storia e politica in Italia di Claudio Santini
124 Cronaca e segreto professionale dei giornalisti
129 I giornalisti nella Costituzione di Franco Abruzzo
134 Né autorizzazioni né censure
135 Il sequestro
137 Stampa, cinema e teatro
139 La pubblicità dei mezzi di finanziamento

142 Limiti alla libertà
142 Una classificazione dei limiti
147 No al segreto di Stato sui delitti di strage e terrorismo di Paolo Bolognesi
153 La discussione sui limiti
155 Il buon costume
158 Altri limiti alla libertà
160 Un altro limite: l'apologia del fascismo
162 Il pluralismo a garanzia della libertà di informazione
163 La disciplina dei mezzi di informazione
165 L'intervento pubblico nel settore editoriale
169 Osce, in Italia pluralismo dell'informazione a rischio di Daria Bonfietti
174 Un dipartimento per l'informazione e l'editoria
174 I tre aspetti giuridici della libertà di informazione
177 Il diritto all'informazione
179 Il diritto di essere informati
181 Il diritto di informarsi
184 L'articolo 21 è completo, basta applicarlo di Enrico Di Nicola
196 L'informazione amministrativa
200 L'ufficio stampa allarga la libertà di informazione di Roberto Olivieri
207 Informazione e pubblicità
214 Bibliografia

Senza bavaglio - L'evoluzione del concetto di libertà di stampa

Prologo

Malato, perennemente bisognoso di cure (leggi risorse), desideroso di fare il cane da guardia, ragione della sua stessa esistenza, ma quasi incapace a causa di colui che ai piedi del capezzale è sempre pronto a stringere la valvola della flebo vitale facendogli mancare la linfa necessaria a garantirgli l'esistenza e in tal modo costringendolo a fare ciò che gli chiede. È la foto del giornalismo italiano così come viene fuori da alcuni degli interventi che arricchiscono questo saggio. Nulla di nuovo, insomma, nemmeno quando si dice che di editori puri in Italia praticamente non ne esistono e che si tratta quasi sempre di proprietari interessati al giornalismo come strumento di lobbying.

Nonostante non manchino gli esempi di alto giornalismo, viene comunque sempre il dubbio che manchi quel quid necessario a fare realmente della stampa quel famoso cane da guardia a difesa dell'interesse collettivo di cui parla Vittorio Roidi nel suo intervento, quel pilastro su cui si basa ogni democrazia. E ha ragione Libero Mancuso quando invita a mettere da parte il sensazionalismo per fare spazio al necessario approfondimento, forse l'unica forma di giornalismo capace di fornire ai lettori gli strumenti idonei che gli consentano di farsi una propria idea su un determinato avvenimento.

In pratica quella missione che dovrebbe essere nel Dna della stampa e di cui parlava Il Lombardo – un foglio di ispirazione repubblicana che è rimasto in vita appena 12 giorni, dal 25 marzo al 5 aprile 1848 – nel numero del 25 marzo 1848: «Incontrastabile è la somma influenza che esercita sull'andamento della cosa pubblica il giornalismo condotto con saviezza di principi ed esercitato col santo scopo di giovare al proprio paese. Basta dare un'occhiata all'Inghilterra, alla Francia e agli Stati Uniti dell'America per convincersi che dove il giornalismo è forte e diffuso le nazioni avanzano rapidamente nelle vie del progresso e della civiltà, da cui soltanto possono derivare l'elevazione ed il benessere dei popoli. Il giornalismo è il sole che dirada le nebbie dell'ignoranza, che svolge e matura i grandi sistemi della civilizzazione; è la luce che scopre e addita i bisogni della società, la forza che spinge i governi a provvedervi, la spada che uccide la tirannide, il faro che guida pel vasto oceano della politica, dell'economia pubblica, della scienza, dell'arte».

Per il Luciani «la libertà di manifestazione del pensiero e la libertà di informazione vengono collocate non solo tra i valori fondamentali nell'ordinamento, ma anche tra quelli che dell'ordinamento sono fondanti». Ma anche quando l'approfondimento si trova, resta sempre l'odioso dubbio nel lettore che alla base di tale lavoro ci sia più che altro un interesse recondito diverso da quello pubblico.

Per tornare al discorso di Libero Mancuso, non resta che sperare veramente che la ricerca dello scoop a tutti i costi lasci lo spazio al giornalismo pacato e riflessivo a scapito di quello urlato che crede di nascondere il suo nulla semplicemente alzando la voce e aggredendo colui che in quel momento ha la sfortuna di essere considerato il suo "nemico". Per non avere il coraggio poi di tornare sui propri passi e chiedere venia dell'errore commesso.

E non si può non pensare, a tal proposito, ai tanti falsi orchi dati in pasto all'opinione pubblica in una sorta di rito orgiastico-satanico quasi si trattasse di una vittima sacrificale. Va in tale direzione l'appello lanciato nel 1974 da papa Paolo VI al X Congresso mondiale dell'Unione internazionale della stampa cattolica che si è svolto a Buenos Aires in Argentina: «La diffusione delle notizie raggiungerà il suo nobile obiettivo di informazione e di formazione quando offrirà elementi sufficienti per impressionare le coscienze senza mai ricorrere ad aspetti puramente sensazionali o scandalosi... Un giornalismo ispirato a veracità e onestà guadagnerà la fiducia dei lettori e risponderà alla giusta speranza che costoro hanno di ricevere un'informazione obiettiva e puntuale nel campo politico, economico, culturale e religioso. Con ciò i lettori si sentiranno trattati non già come oggetti o masse manipolate, ma come persone e soggetti responsabili».

È vero che non è facile fare davvero quello che si vorrebbe fare quando il tuo padrone ti mette di fronte a un bivio: o fai quello che ti dico e per cui ti pago o quella è la porta, accomodati pure. È il famoso "tengo famiglia" che tante volte ha scandito i tempi e i modi delle scelte professionali di tanti. È altresì vero che un editore puro, almeno per quanto riguarda la realtà italiana, farebbe fatica a tenere in vita un'impresa editoriale ma questo non giustifica il largo spazio concesso a coloro che la stampa la usano come cane da combattimento per lanciare sinistri latrati a chi fa finta di non intendere.

Un quadro abilmente dipinto da Claudio Santini nel suo intervento che rimarca quanto già diceva l'editore Gaspero Barbera nell'800: «Dal 1859 in poi i nostri giornalisti convertirono la nobile missione della stampa periodica in traffico indecoroso. La maggior parte dei giornali sono al servizio degli ambiziosi che pagano per far strombazzare i loro nomi, progetti e candidature». Ma è altrettanto vero che non giova a questo bistrattato mestiere, spesso visto solo attraverso le luci abbaglianti che ci proiettano immagini di plastica scambiate per vere, l'abbondante messe di riti orgiastici.

Ed ecco la necessità di un ordine che bacchetti davvero chi ha sbagliato così come sia sempre pronto a difendere chi viene ingiustamente attaccato. Ma per invocare la libertà e l'indipendenza occorre avere il coraggio di fare sempre il primo passo. Avevano ragione Indro Montanelli e Tommaso Besozzi quando invitavano i colleghi a liberarsi della censura personale.

In un editoriale sul Corriere Lombardo - foglio nato nel 1945 e quasi subito battezzato "il Bombardo" per via dell'uso di titoli spesso gridati - Tommaso Besozzi scrisse: «Diciamo la verità; restaurata la libertà di stampa dopo ventidue anni di bavaglio, sembrò dapprima che tutti gli altri giornali la sapessero godere esclusivamente sul piano politico... Ma libertà di stampa non significa soltanto poter dire le proprie opinioni, poter gridare evviva o abbasso! Vuol dire anche poter raccontare i fatti con sincera schiettezza, dire pane al pane e vino al vino, vedere i maggiori personaggi non solo nella loro veste ufficiale ma anche come uomini, belli o brutti, simpatici o no, sani o malati. E sbarazzarsi delle frasi fatte, dei pregiudizi, della retorica».

Dal canto suo, sull'Europeo, Montanelli diceva: «In Italia la libertà c'è, quella che non c'è è l'abitudine a usarla. La maggior parte dei giornalisti, quando compone un articolo, lo fa interrogando la censura che ha in corpo da secoli e di cui non riesce più a fare a meno». A questo proposito Mario Borsa - giornalista liberale, corrispondente per lunghi anni del Secolo da Londra, combattente della libertà negli anni della dittatura fascista e poi direttore del Corriere della Sera nel 1945/1946 ai suoi colleghi diceva: «Dite sempre quello che è bene e che vi par tale anche se questo bene non va precisamente a genio ai vostri amici: dite sempre quello che è giusto, anche se ne va della vostra posizione, della vostra quiete, della vostra vita. Siate dunque indipendenti e inchinatevi solo davanti alla libertà, ricordandovi che prima di essere un diritto la libertà è un dovere».

Ma ha anche ragione l'Osce a lanciare l'allarme a garanzia di un pluralismo unico garante di una, almeno apparente, corretta informazione e dunque della stessa democrazia. Un allarme che traspare dall'intervento della senatrice Daria Bonfietti, rappresentante del Parlamento italiano in seno all'Organizzazione per la sicurezza e la cooperazione europea, e che viene ribadito nel rapporto di Reporters sans frontieres.

Un campanello che viene in parte raccolto dal presidente dell'Associazione familiari vittime della strage del 2 agosto '80, Paolo Bolognesi, quando dice che non c'è democrazia quando su episodi gravi quali le stragi che hanno tragicamente caratterizzato il nostro Paese non si riesce a sapere la verità per via di un segreto di Stato fondato su dubbie basi di costituzionalità. In questo saggio non poteva ovviamente mancare il sempiterno dibattito sulla Costituzione e nella fattispecie sull'articolo 21.

Da una parte c'è chi ritiene giunto il momento di apportare necessarie modifiche (ad esempio il professor Augusto Barbera che invita ad allargare il dibattito costituzionale alla tv e il presidente dell'Ordine dei giornalisti della Lombardia, Franco Abruzzo, che vorrebbe inserire i giornalisti nella Costituzione), dall'altra chi difende quel testo invitanto alla sua giusta interpretazione come il procuratore capo di Bologna, Enrico Di Nicola.

Infine il muro di gomma della pubblica amministrazione. Roberto Olivieri ci parla del lungo cammino, già in parte percorso ma ancora lontano dal concludersi, che l'apparato statale ha intrapreso per rendere davvero di cristallo (o almeno di vetro) i luoghi delle decisioni. Un intervento, il suo, in cui si fa il punto su dove siamo arrivati senza ovviamente dimenticare da dove siamo partiti.

L'evoluzione del concetto di libertà di stampa – che si pone come un momento di riflessione su ciò che eravamo, su quello che siamo e su quello che dovremmo e vorremo essere – prova a fare il punto sul lungo percorso seguito per approdare al riconoscimento del diritto all'informazione (diritto di informarsi e di essere informati) partendo dalla censura preventiva e passando dal riconoscimento della libertà di manifestazione del pensiero. Negli ultimi cinquant'anni - dopo aver definito la libertà di manifestazione del pensiero - al centro del dibattito di dottrina e giurisprudenza c'è stato il passaggio dal diritto attivo di informazione a quello passivo.

La libertà non si misura solo con la possibilità di esprimersi, ma anche - e forse soprattutto - con quella di informarsi. Perché occorre poter accedere alle informazioni (diritto negativo) per esercitare i diritti positivi. «Negli anni 50 - spiega il Loiodice - quando si parlava di tale diritto vi erano eminenti giuristi che consideravano l'argomento giuridicamente irrilevante. Si parlava al proposito di "base immaginosa priva di concreta realtà"».

Eppure sembra abbastanza logico legare tra loro i tre momenti giuridici dell'informazione. Informare viene necessariamente dopo l'essersi informati; così come esprimere i propri pensieri o le proprie idee viene dopo l'essere stati informati. L'impressione è che la nostra Carta costituzionale dando valore solo al momento attivo non ha voluto dare prova di miopia giuridica dei nostri padri costituenti, ma ha semplicemente dato il via al lavoro, spesso difficile e complesso, di interpretazione di dottrina e giurisprudenza. Un lungo cammino che ha avuto i suoi importanti frutti e che si è concluso con il riconoscimento giuridico del diritto all'informazione. Di quel diritto, cioè, di informarsi e di essere informati. «Attraverso un'analisi del dettato costituzionale - spiega ancora il Loiodice - si comprende che si è in presenza di una libertà di carattere ampio e ad operatività generale».

Ma non ci sarebbe espressione (e informazione) senza mezzi. Da qui nasce l'importanza della stampa intesa non solo come uno dei canali di comunicazione ma come sistema, quello dei mass media. Gesti, segni, parole, manoscritti, carta stampata, radio, cinema, teatro, tv, Internet. Per comunicare è fondamentale il loro utilizzo. Un pensiero acquista valore giuridico solo se espresso. E quando una costituzione ne garantisce la manifestazione non fa altro che riconoscere il ruolo e il valore dei media e garantire loro la stessa tutela giuridica.

Perché manifestazione vuol dire comunicazione e comunicazione vuol dire mezzi. In principio, nelle liberal-democrazie ottocentesche, è la libertà di manifestazione del pensiero. Poi il concetto si evolve. Diventa prima libertà di informazione e poi, col tempo, libertà di stampa o della stampa. Quando, dunque, si parla di evoluzione del concetto di libertà di manifestazione del pensiero non si fa altro che discutere di evoluzione del concetto di libertà della stampa. Potremmo definirla una sorta di osmosi. Paolo Barile ha, invece, preferito parlare di endiadi. Alla fine il concetto è lo stesso: informazione e mezzi sono un tutt'uno, due facce della stessa medaglia. «Dal punto di vista giuridico sarebbe meglio tenere distinti i due aspetti - dice il Fois - ma non si può non ricordare che la libertà di pensiero tutelata dalla nostra Costituzione deve essere considerata sempre in quanto rivolta ad altri soggetti», ossia in quanto resa manifesta.

La storia del giornalismo va di pari passo con quella sociale, politica e civile di un popolo. Ne vive gli stessi momenti, gli stessi eventi, ne subisce la stessa sorte. Le leggi che tentano di regolamentarla (o liberarla da legacci) sono sempre figlie delle idee e delle condizioni materiali del periodo in cui vengono pensate e attuate. Vico parlava di corsi e ricorsi storici, Shumpeter di cicli. Entrambi si riferivano alla ripetitività di certi aspetti della storia.

E, infatti, nei cento e più anni di vita del giornalismo italiano, molti sono gli elementi che si ripetono, quasi a formare un filo rosso che lega gli eventi. Già ai tempi di Cavour, nonostante la cultura di allora avesse partorito lo Statuto prima e l'Editto poi, si usava discernere tra buona e cattiva stampa. E ad essa veniva assegnato il compito di educare il popolo. Saranno esattamente le idee di Benito Mussolini settant'anni dopo e in parte anche quelle dei padri - e dei figli - della Repubblica.

Per tale ragione quando si vuole trattare l'evoluzione del concetto di libertà di stampa (oggetto di questo lavoro) non si può non tenere conto anche dello scenario storico che le ha fatto da contorno. Da qui la presenza in questo lavoro del primo capitolo che prende in esame l'aspetto storico del giornalismo di casa nostra.

Capitolo I
L'aspetto storico del giornalismo in Italia

1.1 Le origini

Sono Firenze e Genova le due città italiane a contendersi la prima gazzetta. Il capoluogo toscano si è sempre vantato di possederne una risalente al 1636, ma l'unico esemplare esistente è quello ligure del 1639. È il periodo delle monarchie e chi scrive non ha alcuna libertà. La cronaca e la politica non esistono e i fogli che in questi anni vengono pubblicati sono sottoposti a censura preventiva. Di conseguenza i primi manoscritti parlano solo di cultura, sono eruditi e sono rivolti ad un pubblico ristretto e colto. Molti di questi vengono autorizzati dal principe e per tale ragione sono detti gazzette privilegiate.

Il primo quotidiano della storia nasce a Lipsia nel 1660 e ha una testata lunga quanto un articolo: Notizie fresche degli affari della guerra e del mondo, ma quello che viene considerato il primo quotidiano moderno è il londinese Daily Courant. E non è un caso dato che la Gran Bretagna viene considerata la culla della democrazia. Non ci vuole molto per capire che questi fogli hanno la grande capacità di diffondere le idee conformando a queste i lettori e così al di là della Manica si parla già di "quarto potere".

Le gazzette privilegiate compaiono nella penisola italiana solo verso la fine del 1600. I prìncipi italiani vi fanno pubblicare notizie addomesticate e le usano per accattivarsi il consenso dei ceti medi che operano nel mondo affaristico. Chi governa capisce presto che la stampa è una spina nel suo fianco e la sua prima preoccupazione è di limitare la libertà di chi scrive. In questo si distingue particolarmente lo Stato pontificio che in una bolla papale di fine 1600 definisce i gazzettieri "biscazzieri, meretrici e donne disoneste".[1]

Pian piano, però, il pubblico comincia a manifestare interesse per i giornali e la maglia della censura si stringe sempre più costringendo i "biscazzieri" a romanzare. Siamo agli inizi, quella del giornalista non è ancora una professione e chi scrive su questi fogli non guadagna a sufficienza per vivere.

1.2 Il sapore della libertà

La Rivoluzione francese scoppiata nel 1789 segna l'inizio di una nuova era. Viene scritta la Dichiarazione universale dei diritti dell'uomo (il 24 agosto 1789) e tra i suoi principi si annovera quello della libertà di pensiero. L'articolo 11 recita: «La libera comunicazione del pensiero e delle opinioni è uno dei diritti più preziosi dell'uomo. Ogni cittadino può dunque parlare, scrivere e pubblicare liberamente salvo a rispondere dell'abuso di questa libertà nei casi determinati dalla legge». Due anni più tardi lo stesso principio sarà sancito anche nel primo emendamento della Costituzione degli Stati Uniti là dove viene espressamente affermato che non si possono emanare leggi sulla stampa.

È l'inizio della libertà che, come intesa dai protagonisti della Rivoluzione, è finalizzata a liberare la stampa dai limiti imposti dagli strettissimi controlli sui titolari delle imprese tipografiche e da forme di autorizzazione o di censura amministrativa. I giornali italiani si trovano tra due fuochi. Da una parte la censura, dall'altra la necessità di parlare di quanto accade al di là delle Alpi. Pian piano lo spazio dedicato alla cultura si riduce a vantaggio del racconto politico (sinonimo di libertà) e i sovrani adottano un atteggiamento accondiscendente.

Quando, però, la Rivoluzione francese imbocca la via del Terrore, i prìncipi restringono le maglie della tolleranza. Ma il virus liberale ha già invaso gli animi della gente e i giornalisti pur di poter raccontare sono disposti a entrare in clandestinità. L'emancipazione dal vecchio mondo arriva col primo Napoleone, quello che entra a Milano nel 1796. È con lui che ha inizio il periodo della vera libertà di stampa. Nei giornali si parla solo di politica anche se nuovi generi - come, per esempio, i giornali dedicati alle donne - fanno capolino.

Con Napoleone in Italia, il primato giornalistico passa da Venezia a Milano. Ma nel 1799 le truppe austroungariche sconfiggono quelle francesi e in Italia tornano i vecchi sovrani. Un anno dopo Napoleone ritorna in Italia, ma non è quello di prima. Concede qualche libertà ma non è paragonabile a quella del 1796. Anzi, nel

1803 rientra in vigore la censura preventiva e una serie di nuove, ambigue e limitanti norme: non si può recare offesa alla religione di Stato e alla pubblica morale; non si può attentare all'ordine pubblico e al rispetto dovuto al governo e alle autorità; non va turbata l'armonia verso i governi amici e non vanno diffamate le persone. È con il secondo Napoleone che ha inizio uno dei difetti della stampa: il servilismo e l'acquiescenza verso il potere.

Con la censura in vigore scompare il giornalismo politico e ritorna quello letterario. Nonostante tutto, nel primo quarto del XIX secolo sono sensibili i progressi compiuti dalla stampa italiana: è cresciuto il numero e l'interesse dei lettori, nascono le prime aziende editoriali, la resa tecnica è migliorata, sui giornali vengono stampate le prime immagini. Nel resto del mondo la situazione è migliore rispetto a quella nostrana, ma non bisogna scordare quanto detto all'inizio di questo lavoro: il giornalismo segue l'evoluzione sociale, politica e culturale di un popolo e in questo periodo l'Italia ancora non esiste.

1.3 Ritorno al passato: la Restaurazione

Dopo la sconfitta di Napoleone a Waterloo e il congresso di Vienna del 1815, nel vecchio continente si torna al passato. Tutti i precedenti sovrani si riprendono il potere e cercano di ristabilire lo status quo. È la Restaurazione. Ovviamente i primi provvedimenti sono per la stampa con l'obiettivo di limitarne la libertà. In parte lo scopo riesce, ma un ritorno al secolo precedente non può cancellare di colpo quanto è accaduto nel frattempo e infatti qualcosa del nuovo resta. Per esempio la riluttanza dei giornalisti a sottostare alle limitazioni del potere.

Durante la prima fase c'è il ritorno delle gazzette privilegiate e del giornalismo romanzato che non si può occupare di politica. In seguito ai diversi tentativi di rovesciare i monarchi assoluti, l'oscurità del tunnel nel quale cammina la stampa e la civiltà ogni tanto lascia lo spazio di un respiro alla luce. Sarà così con i moti del '20-'21 e quelli del '30-'31. La fine del tunnel si intravede solo con i fermenti rivoluzionari del 1848. Di importante da segnalare in questo periodo buio c'è una presa di coscienza da parte di qualche appartenente al mondo giornalistico.

«I giornali sono scritti per il pubblico e non per se stessi - afferma, infatti, Gian Pietro Vieusseux, un ricco e colto mercante che nel 1821 fonda l'Antologia, giornale di scienze, lettere e arti - e sarebbe ora che gli autori ne prendessero atto».[2] L'osservazione critica - attuale ancora oggi - ci trova pienamente d'accordo. È vero che non si può parlare di politica e non si può trattare la cronaca, ma anche attraverso la letteratura il giornalismo può adempiere al suo compito principale, quello di formare l'opinione pubblica.

Se lo scritto è completo, ma semplice, lo potrà leggere anche il lettore meno ferrato; pian piano il suo livello culturale crescerà e sarà in grado di discernere da solo ciò che è buono da ciò che non lo è. In molti hanno ormai compreso la forza dello scritto che per adesso resta l'unico mezzo di comunicazione. In certi casi i governanti cercano di opporre i loro fogli conservatori a quelli liberal delle opposizioni e quando non riescono a contrastarli con la forza degli argomenti non esitano a ricorrere alla censura.

Le innovazioni di cui comincia a godere la gente (gas, vapore, energia elettrica, telegrafo) vengono pian piano applicate anche ai giornali e verso la metà del 1800 si passa strutturalmente ai quotidiani. Nel Regno di Sardegna, per esempio, la Gazzetta Piemontese viene stampata ogni giorno. Stessa sorte per il Corriere mercantile di Genova. Comincia così il primato giornalistico di Torino a discapito di Milano.

Anche se non si può parlare di politica e di cronaca, non significa che bisogna per forza scrivere solo di cultura, ma si possono trattare (e in effetti si trattano) anche argomenti di varietà che attecchiscono immediatamente sui ceti popolari. Le maggiori spinte all'innovazione vengono proprio dallo Stato di Carlo Alberto che sale sul trono nel 1831 e vi resta fino al 1849, anno in cui prende il suo posto Vittorio Emanuele II.

1.4 Dalla Chiesa le prime libertà

Spesso le cose inaspettate - e meglio riuscite - vengono da colui che è meno indicato per il loro accadimento e così succede anche alla metà del 1800. Le aperture del '48 cominciano in realtà un anno prima, nel '47, e nello Stato più reazionario dell'intera penisola: lo Stato pontificio. L'alba della libertà di stampa vede la luce a Roma il 15 marzo 1847, anche se le tenebre avevano lasciato la scena addirittura l'anno precedente. Già nel 1846, infatti, le pubblicazioni esistenti nello Stato pontificio cominciano a dedicarsi - seppure indirettamente - all'attualità.

Nonostante si parli di cultura e scienza, ogni tanto si possono trovare dei riferimenti ai problemi economici, sociali e politici del tempo. Il nuovo clima, dunque, riesce a penetrare anche nelle austere sale vaticane e il 15 marzo 1847 il discusso pontefice Pio IX, il marchigiano Giovanni Maria Mastai, emana un editto con il quale allarga le maglie della censura. Ma attenzione: allargare non significa abolire. L'attività dei censori viene limitata, ma l'ambiguità delle norme le garantiscono sempre un ampio potere. Nonostante ciò, però, va riconosciuto il salto compiuto.

Se non altro viene legittimato in qualche modo il lavoro dei giornalisti non più considerati "biscazzieri e meretrici". È facilmente comprensibile come una piccola scheggia possa significare lo squarcio irrimediabile per una diga sotto i colpi della piena. E in questo momento i polmoni della gente sono impregnati di libertà. Libertà significa soprattutto giornalismo politico, critica, libera manifestazione del pensiero. Il panorama editoriale è vivo e accanto al giornalismo che prende parte resta quello culturale e di svago contribuendo così a rafforzare la diversificazione dell'offerta.

Ma l'evento che davvero segna il gol della vittoria della libertà nella difficile sfida contro l'oscurantismo è l'editto emanato da Carlo Alberto, sovrano del Regno di Sardegna. L'Editto Albertino viene emanato il 26 marzo 1848 e diventa il primo pilastro su cui poggia la casa giornalistica italiana. Questo atto legislativo, infatti, ancora oggi offre il suo prezioso contributo e ad esso si è ispirata l'Assemblea Costituente quando nel febbraio del 1948, a Carta costituzionale ancora in fasce e a Parlamento di là da venire, emana la prima (seppur incompleta) legge sulla stampa.

1.5 Le riforme del 1847

Il 15 marzo del 1847 viene emanato l'editto del segretario di Stato, cardinale Gizzi, che si intitola «Disposizioni sulla revisione delle opere da pubblicare colla stampa». In esso si legge: «...In tanta copia di produzione... la segreteria di Stato non era più in grado di soddisfare a tutte le richieste con la prontezza dagli autori desiderata a pregiudizio della onesta libertà dello stampare. Si autorizza cotanto a trattare la storia contemporanea (ossia l'attualità, la politica, ndr) purché non si arrechino offese alla religione, alla Chiesa, ai magistrati, ai cittadini, agli Stati e ai governi esteri, e non si alimentino le fazioni, o si eccitino popolari movimenti contro la legge».

La nuova situazione che si è venuta a creare nello Stato pontificio ha trovato orecchie e animi attentissimi in tutti gli Stati italiani. Nel Regno di Sardegna il dibattito sulla libertà è cominciato già da molto tempo e lo stesso Carlo Alberto è un acceso sostenitore del rinnovamento. Il sovrano, a dire la verità, asseconda queste richieste forse anche per convinzione, ma certamente per calcoli personali. Ha capito che vento tira e preferisce anticiparlo prima che ne venga sconvolto. Senza dubbio una dimostrazione delle sue (o del suo staff) buone capacità politiche.

Il 30 ottobre del 1847 sulla Gazzetta Piemontese, foglio ufficiale del Regno diretto da Giuseppe Pomba, vengono annunciate le riforme che di lì a poco trasformeranno il Regno in Stato costituzionale. Si parla di riforme amministrative, militari, giudiziarie e politiche. Tra queste viene annunciata anche quella della stampa: «Sua Maestà ha sanzionato un provvedimento sulla stampa nel quale prendendo a considerare le condizioni ognora progressive della pubblica istruzione, e per dare a' suoi sudditi un novello pegno della paterna sua confidenza nonché del costante suo amore per la propagazione dei lumi, allarga le norme vigenti per la revisione compatibilmente coll'interesse della religione, della morale e del regolare andamento delle cose pubbliche... Persuadendoci che le norme vigenti per la revisione in materia di stampa possono essere allargate senza inconveniente...».[3]

1.6 Il 1848

Il 1848 porta i suoi sconvolgimenti. Mentre a Palermo insorgono, a Napoli si preparano. Il precipitare degli eventi in Europa e nella Penisola contribuisce all'accelerazione delle decisioni nel Regno di Sardegna. Carlo Alberto e la sua corte capiscono che occorre una riforma organica di tutto lo Stato per far fronte «agli eventi che si sono evoluti in maniera così veloce da lasciare spiazzata anche l'immaginazione. Eventi che hanno percorso mezzo secolo in qualche mese». La prima mossa è l'approvazione di una Costituzione prima che questa venga imposta dalle violenze della piazza.

Il 3 febbraio si decide di promulgare, dopo lo Statuto, una legge organica sulla stampa che «ponga fine alla violenza di certi articoli che possono compromettere il Governo, all'incontentabilità della stampa, ai suoi abusi e alle lacune della vigente legislazione in materia». Quando lo Statuto viene approvato all'articolo 28 viene ribadito il concetto che «la stampa sarà libera, ma una legge ne reprime gli abusi». L'unica deroga è per i testi religiosi la cui stampa resta subordinata al permesso preventivo della Chiesa. Nel frattempo si muove qualcosa anche nel Lombardo-Veneto sottoposto all'occupazione austroungarica. I moti del '48 convincono gli invasori a concedere almeno la libertà di espressione.

Il 25 marzo 1848 Il Lombardo - un foglio di ispirazione repubblicana che resta in vita appena 12 giorni, dal 25 marzo al 5 aprile 1848 - scrive: «Incontrastabile è la somma influenza che esercita sull'andamento della cosa pubblica il giornalismo condotto con saviezza di principi ed esercitato col santo scopo di giovare al proprio paese. Basta dare un'occhiata all'Inghilterra, alla Francia e agli Stati Uniti dell'America per convincersi che dove il giornalismo è forte e diffuso le nazioni avanzano rapidamente nelle vie del progresso e della civiltà, da cui soltanto possono derivare l'elevazione ed il benessere dei popoli. Il giornalismo è il sole che dirada le nebbie dell'ignoranza, che svolge e matura i grandi sistemi della civilizzazione; è la luce che scopre e addita i bisogni della società, la forza che spinge i governi a provvedervi, la spada che uccide la tirannide, il faro che guida pel vasto oceano della politica, dell'economia pubblica, della scienza, dell'arte».

1.7 Una ventata di libertà: l'Editto Albertino del 1848

1.7.1 Introduzione

«La libertà della stampa che è necessaria guarentigia delle istituzioni d'ogni ben ordinato Governo rappresentativo, non meno che precipuo istromento d'ogni estesa comunicazione di utili pensieri, vuol essere mantenuta e protetta in quel modo che meglio valga ad assicurarne i salutari effetti. E siccome l'uso della libertà cessa dall'essere propizio allorché degenera in licenza, quando invece di servire ad un generoso svolgimento d'idee, si assogetta all'impero di malaugurate passioni, così la correzione degli eccessi debbe essere diretta e praticata in guisa che si abbia sempre per tutela ragionata del bene, non mai per restrizione arbitraria.

Mossi Noi da queste considerazioni, dopo di avere nello Statuto fondamentale dichiarato che la stampa sarà libera, ma soggetta a leggi repressive, Ci siamo disposti a stabilire le regole colle quali si abbia da tenere nei Nostri Stati l'esercizio di questa libertà. E mentre si è per Noi inteso che la presente legge ritraesse in ogni sua parte dei sovraesposti principii, abbiamo voluto che il sistema di repressione in essa contenuto si conformasse quanto più fosse possibile alle disposizioni del vigente Nostro Codice penale, evitando così la necessaria deviazione dalla legge comune, e che nel modo di amministrare la giustizia sui reati della stampa entrasse l'elemento essenziale dell'opinione pubblica saggiamente rappresentata...».

Il 26 marzo 1848, pochi mesi dopo l'importante apertura dello Stato pontificio di Pio IX sull'argomento, comincia con queste parole la nuova era della stampa. Quella piacevole brezza carica di frescura che i popoli avevano avvertito con i moti del '20-'21 e del '30-'31, diciotto anni dopo diventa un uragano dagli effetti estremamente benefici. Fino ad allora i sovrani assoluti sparsi su tutto il vecchio continente avevano visto la libertà di espressione come una spina nel loro fianco, come una piaga da estirpare nella maniera più brutale.

E così la divulgazione delle idee viene considerata come l'unico mostro in grado di scardinare i 'sani, unici e veri' principi alla base della morale, della religione e degli ordinamenti pubblici. Un mondo senza quelle regole diventa il buco nero dell'anticreazione. Non più luce, ma tenebre. Non resta, quindi, che predisporre un servizio di rigido controllo su qualsiasi pubblicazione. Controlli così rigidi e assoluti (non dimentichiamo i roghi ecclesiastici sui quali venivano fatti ardere coloro che rifiutavano o solamente criticavano lo status quo) non possono non avere i loro frutti. E, infatti, l'unica forma di giornalismo possibile è quella erudita dei romanzi e delle scienze. Di politica, a dire la verità, si parla anche, ma solo per dire quello che il sovrano vuole.

1.7.2 L'Editto Albertino

A redigere la nuova legge sulla stampa viene nominata una Speciale Commissione. Di questa fanno parte i più importanti esponenti del pensiero civile e politico del Regno e a presiederli viene chiamato il conte, nonché magistrato, Ferruccio Sclopis. Il compito è dei più ardui perché bisogna 'inventarsi' una legge da cima a fondo senza poter contare su alcun contributo. Per una normativa del genere siamo, infatti, all'anno zero. Prima di questa non ce ne sono state altre dalle quali poter attingere. E poi non esiste nemmeno un'idea o un concetto su quali siano le funzioni e i limiti della stampa in un regime costituzionale.

Ci sono semmai pregiudizi da estirpare e timori sugli eventuali danni che può provocare una stampa eccessivamente libera da eliminare. A dare loro un aiuto non può nemmeno intervenire la legislazione straniera perché molto lontana dall'idea piemontese. Ma il conte Sclopis non è uomo da lasciarsi prendere dallo sconforto e nonostante il momento particolarmente movimentato riesce ad elaborare una normativa completa e moderna in grado di esercitare il suo ruolo per cento anni (dal 1848 al 1948, anno in cui entra in vigore la legge sulla stampa numero 47) e di riciclarsi come fonte fondamentale per le leggi a venire. Il testo viene promulgato il 26 marzo 1848 con il numero 695, è composto da 11 capi e da 88 articoli più le disposizioni transitorie. Viene definitivamente abbandonata la censura preventiva e si mira a reprimere gli eventuali illeciti per altre vie.

Molti i principi innovatori della norma albertina. Oltre all'asserzione della libertà della stampa c'è il riconoscimento del ruolo della stampa, l'introduzione della figura del gerente responsabile e l'assenza di autorizzazioni o censure. In caso di abusi è previsto solo l'intervento repressivo. «Non può, però, sottovalutarsi che i limiti penali alla libertà di stampa erano tali e tanti da tutelare molto largamente il sistema politico dominante e che comunque era genericamente previsto uno strumento di immediato intervento come il sequestro».[4]

I primi 12 articoli contengono le Disposizioni generali. Vengono enunciati i principi fondamentali sulla libertà di «pubblicazione e manifestazione del pensiero per mezzo della stampa e di qualsivoglia artificio meccanico...». Il secondo capo (Della provocazione pubblica a commettere reati) enuncia le pene nel caso di istigazione a delinquere a mezzo stampa. Nel capo ottavo (Delle pubblicazioni periodiche) si parla del gerente responsabile.

Tra le altre viene specificato all'articolo 47 che «da condanna pronunciata contro l'autore sarà estesa al gerente che verrà sempre considerato come complice dei delitti e contravvenzioni commesse con pubblicazioni fatte nel suo giornale». È questa, forse, l'unica pecca dell'Editto. La figura del gerente e la sua condanna. Per aggirare la legge e garantire l'impunità a chi scrive, infatti, di solito viene pagato un disgraziato senza arte né parte, quasi sempre ignorante o disperato, che per poche lire riveste tale carica e si assume qualsiasi responsabilità. Quella di servirsi di un uomo di paglia o una testa di legno (come viene ricordata in gergo questa figura) sarà una pratica molto usata soprattutto da giornali tipicamente libellistici, di scarsa qualità o sovversivi. Infine il secondo aspetto della norma, ossia l'articolo 47. Come si può condannare un tizio per un reato che non ha commesso considerato che la responsabilità è personale? La prima crepa - quella del gerente - verrà eliminata da Mussolini con il Regio decreto 3288 del 15 luglio 1923 e con la legge 2307 del 31 dicembre 1925. Con queste due norme, il dittatore-giornalista imporrà quale unico responsabile del giornale il direttore. Di questo si comincia a discutere comunque già nel 1889 in occasione della promulgazione del codice Zanardelli.

Per la seconda défaillance occorrerà giungere ai giorni nostri quando, con la sentenza numero 3 del 1956, la Corte Costituzionale impone la modifica dell'articolo 57 del codice penale (dove dice che la responsabilità del direttore è oggettiva) secondo l'enunciato della Costituzione che all'articolo 27 spiega che la responsabilità penale è personale. In base a questo viene stabilito che il direttore responsabile va punito solo a titolo di colpa se un reato è commesso.

In pratica è colpevole per non aver diligentemente vigilato al fine di evitare la pubblicazione di un articolo potenzialmente incriminabile. Nonostante questo, però, l'intento della legge è sano anche se mal disposto. Viene imposto il gerente in modo che ogni scritto incriminato abbia sempre un colpevole. In tal modo si mira ad impedire l'uso dello scritto anonimo per compiere reati garantendosi l'impunità. Un altro capo innovativo è il decimo (Della competenza, della composizione del magistrato e del procedimento). Qui viene stabilito che nei procedimenti per reati commessi a mezzo della stampa il giudice venga affiancato dai giudici di fatto, ossia da una giuria popolare.

Il ricorso a questa via viene introdotto proprio con il pensiero risorgimentale che vede con favore ed estremo interesse la giuria popolare. Questa è considerata «molto importante nella moralizzazione delle popolazioni perché capace di eccitare la dignità di cittadino, l'onore e il rispetto delle leggi e della giustizia. Si sottolineava come, specie nei delitti politici, la preziosa indipendenza del giudice era assicurata assai meglio affidando il giudizio a spettabili cittadini».[5]

1.8 Fine della libertà

Il 1850 segna per certi versi la fine del sogno iniziato con la salita sul soglio pontificio di Pio IX e seguito con i moti rivoluzionari del '48. L'unico Stato in cui non si ha il ritorno all'assolutismo è il Regno di Sardegna. Qui i giornali continuano ad essere strumento di organizzazione e propaganda dei vari gruppi politici, organi di orientamento della pubblica opinione e mezzi per l'espressione e per la circolazione delle idee. Nel Regno acquista sempre più potere il conte Camillo Benso di Cavour che avrà un ruolo importante nel processo unitario. Sarà proprio lui ad avviare il gioco del gatto e del topo con i giornali. È vero: la stampa, con le sue critiche, dà garanzie di democrazia, ma quando i mezzi per sopravvivere mancano o si fa in modo che vengano meno, la forza di criticare si riduce e per non soccombere si preferisce (molto spesso) servire il potere. Cavour lo capisce subito e ne approfitta.

Quando un giornale va oltre il consentito parte immediatamente il corteggiamento dei giornali concorrenti attraverso l'arma delle sovvenzioni e quella della pressione. Difficilmente, in questa situazione, il periodico 'reo' non si adegua. Ma Cavour ha anche compreso il valore e il ruolo che la stampa può avere nel processo di unificazione nazionale.

Nonostante la situazione italiana sia di massima incertezza, nonostante la libertà di stampa sia ufficialmente riconosciuta solo nello Stato piemontese e nonostante le condizioni di sostanziale arretratezza in cui versa l'intera penisola, il panorama giornalistico italiano è in fermento e progredisce. Il numero dei giornali è davvero ragguardevole (oltre 200 testate); i lettori, nonostante gli alti tassi di analfabetismo, crescono; si impara a fare giornalismo seppur con tutti i vizi che ancora oggi lo caratterizzano (partigianeria politica, salute cagionevole, dipendenza economica dal regime). Comunque si procede.

1.9 I giornali dell'Italia unitaria

Quando il processo unitario si conclude, l'Italia è un paese prevalentemente agricolo. È caratterizzata da differenze profonde tra le quali, la più marcata, è quella tra il nord e il sud del paese. Il Settentrione, governato in un clima di maggiori aperture e innovazioni, è più avanti del Meridione, dove fino a qualche anno prima ci sono stati governanti conservatori come la Chiesa e i Borbone. Quello che balza subito all'occhio è senza dubbio l'elevato tasso (oltre il 60 per cento) di analfabetismo. L'estensione a tutta la penisola delle leggi dello Stato Sardo, ivi compreso l'Editto Albertino, danno una spinta all'uscita dalla palude preunitaria. In tutto il paese fioriscono nuovi giornali. C'è libertà e molti giornali cominciano ad usarla. La situazione è ancora molto precaria e parecchi giornali riescono ad andare avanti solo con i sostegni pubblici che in maniera più o meno mascherata vengono concessi ai fogli considerati amici.

Un esempio è la pubblicazione a pagamento degli atti del parlamento. Senza dimenticare l'ausilio dei giornalisti anfibi. Sono dei funzionari pubblici che dalla capitale (allora Firenze) inviano gratuitamente ai giornali 'vicini' corrispondenze politiche direttamente dal palazzo. Questo tipo di scambio - notizie contro denaro - diventa veramente sconcio e Bonghi, direttore della Perseveranza di Milano cerca di giustificarlo. I soldi sono pochi, vivere soltanto con questi è impossibile e al giornalista non resta che «vendersi e rivendersi».

L'editore Gaspero Barbera si limita solo a evidenziare questa sconcezza: «Dal 1859 in poi - dice - i nostri giornalisti convertirono la nobile missione della stampa periodica in traffico indecoroso. La maggior parte dei giornali sono al servizio degli ambiziosi che pagano per far strombazzare i loro nomi, progetti e candidature».[6]

Nella seconda metà degli anni 60, però, qualcosa comincia a muoversi. Sulla scena editoriale fanno il loro ingresso editori di un certo peso come i Sonzogno ed Emilio Treves. Entrambi partono con moderni periodici illustrati per poi passare alla stampa quotidiana. In Italia, però, ci sono troppi giornali e periodici (nel 1873 se ne contano oltre 500) e per il ristretto pubblico di quel tempo il mercato è troppo piccolo per permettere a tutti di sopravvivere. Le copie tirate, infatti, non raggiungono le 800.000.

Pian piano, comunque, il paese viene ammodernato, migliorano i collegamenti, aumenta l'alfabetismo e cresce il numero degli occupati.

Tutto questo fa sentire i suoi benefici anche sul mondo della comunicazione. La stampa italiana così come la politica è divisa tra Destra e Sinistra e Il Secolo è di ispirazione progressista. Nel 1876 (il 5 marzo) a Milano nasce il Corriere della Sera che vuole controbilanciare il potere e le idee del Secolo. Lo fonda Eugenio Torelli Viollier che mira a dare voce alla borghesia milanese che non è certamente contenta del giornale di Sonzogno. Il Corsera si pone come la versione di destra del Secolo, come organo di informazione conservatore. Nel fondo del primo numero il giornale si presenta: «Siamo conservatori. Vogliamo conservare la Dinastia e lo Statuto perché hanno dato all'Italia l'indipendenza, l'unità, la libertà e l'ordine. Ma siamo dei moderati».

In questo periodo scoppia il primo grave caso di concentrazione. Un affarista di origini ungheresi, Eugenio Oblieght, compra sei quotidiani e una parte dell'agenzia Stefani. Grazie a questi fogli di ideologie diverse, il signor Oblieght riesce a fare pressioni sia sulla Destra che sulla Sinistra per raggiungere i suoi obiettivi. È il primo grave accadimento della storia giornalistica italiana. A questo ne seguiranno almeno altri due di rilevanti proporzioni: la guerra per il possesso del Corriere della Sera negli anni 80 e il Lodo Mondadori nei 90.

1.10 La stampa alla fine del 1800

Le condizioni del Paese, nel frattempo, migliorano e ne risente positivamente anche la stampa. Il servizio telegrafico diventa meno oneroso e le linee ferroviarie vengono ampliate. Grazie a questi due elementi, cresce la qualità dei giornali e il numero dei lettori. Nonostante ciò, però, siamo indietro rispetto agli altri paesi e in più il nostro giornalismo si porta dietro una pesante palla al piede ancora oggi molto ingombrante: l'influenza politica.

Nel 1877, alla nascita dell'Associazione Stampa Periodica Italiana (Aspi) segue la definizione di giornalismo come prestazione intellettuale a carattere professionale. Nello statuto dell'associazione sono previste tre figure professionali: gli effettivi che esercitano in maniera esclusiva la professione, i pubblicisti che possono anche svolgere altre professioni e i frequentatori, personalità del mondo politico-culturale che ogni tanto pubblicano articoli sui mezzi di informazione.

Questo è un periodo di forte radicalizzazione politica. I giornali si schierano sempre più da una parte o dall'altra e spesso sono affiancati dagli organi di partito. Nel 1896, per esempio, nasce L'Avanti, l'organo del Psi. Ed è di questi anni la nascita dei primi fogli cattolici. Il XIX secolo si conclude con la stampa che subisce sempre più spesso gravi limitazioni.

1.11 La stampa di inizio '900

Nonostante le gravi limitazioni del precedente, il nuovo secolo porta con sé tutte le premesse per garantire al Paese di proseguire sulla via della modernità. La popolazione italiana cresce, l'analfabetismo accenna a diminuire, i collegamenti ferroviari coprono quasi l'intero Paese, il servizio postale migliora e il telegrafo è diventato un oggetto di uso comune. Senza contare i primi impieghi del telefono. Sono tutte condizioni importanti per l'ulteriore sviluppo della stampa. Al potere va Giovanni Giolitti e l'Italia si incammina veramente sulla via della libertà. La lotta contro i disegni e i pericoli reazionari è stata vinta, i giornali hanno avuto un ruolo importante e la loro forza di condizionare in qualche modo l'opinione pubblica diventa sempre più evidente. Già molti anni prima l'avevano intuito i sovrani e adesso lo ha capito anche il nuovo presidente del consiglio che non esita a ricorrere ad atti di pressione o di sostegno per accattivarsi il "quarto potere".

Il brutto vizio di approfittare della necessità economica per 'imbavagliarÈ i media, insomma, continua. Giolitti di solito si serve o di fondi neri o di finanziamenti più o meno leciti o di pressioni poliziesche. Tutti riconoscono la rettitudine del presidente del consiglio e per questo non ne capiscono il suo comportamento. È per tale ragione che il direttore del Secolo Romussi in una lettera chiede a Giolitti il perché di questo suo modo di fare: «Che necessità avete di pagare la stampa? - scrive - Se operate con rettitudine avrete con voi tutta la stampa liberale, se invece opererete male non vi salverà certamente il fondo dei rettili. Governanti onesti come voi non dovrebbero ricorrere a tali ricatti».[7]

Il presidente del consiglio è molto attento alle critiche dei giornali e quando diventano pungenti non esita a ricorrere ai finanziamenti occulti per farli rientrare nei ranghi. Viene anche creato un ufficio stampa (la stessa cosa farà più tardi pure Mussolini) che ha il compito di sentire i discorsi dei giornalisti parlamentari e intervenire per smussare le loro critiche. Quando nel 1906 viene eliminato il sequestro preventivo, Giolitti invita i magistrati (molto sensibili a questo richiamo per via della loro avversione nei confronti dell'informazione) a porre maggiore attenzione sui reati a mezzo stampa.

In questi anni la maggior parte degli editori avvia il processo di industrializzazione della stampa. Sono in ritardo rispetto agli altri paesi, ma è sempre meglio tardi che mai. Le maggiori imprese editoriali assumono una dimensione aziendale rilevante e quasi tutte appartengono a gruppi economico-finanziari legati, a loro volta, a frazioni del sistema politico. Del resto i giornali finora sono stati sempre fondati con motivazioni diverse e lontane da quelle tipicamente aziendali. L'idea di base è sempre stata la politica. O per farla (vedi i patrioti risorgimentali) o per usarla (vedi Oblieght). Comunque qualcosa si muove e gli editori cominciano a investire per dotare le tipografie delle ultime macchine immesse sul mercato.

Il 'prodotto' viene così arricchito sia di pagine (per poterci mettere più pubblicità) che di contenuti (per attirare più lettori). Adesso si parla molto di cronaca cittadina e giudiziaria, di cultura e di spettacolo. Di sport si scrive ancora poco. Il numero dei giornalisti nelle redazioni dei giornali più importanti cresce e si comincia a parlare di giornale collettivo. Adesso la concorrenza sui giornali comincia ad aversi sul terreno delle informazioni, sulla loro qualità e sulla loro completezza.

I nostri giornali sono rivolti a tutti, adottano cioè la formula omnibus, mentre negli altri paesi c'è differenza tra giornali politici e di cronaca, tra quelli di qualità e quelli popolari. Questa differenziazione, in Italia, si vede solo nei periodici dove si trovano quelli dedicati al pubblico femminile, ai ragazzi e alla borghesia.

La stampa sportiva è rappresentata dalla Gazzetta dello Sport che è nata nel 1896. Diventa rosea (per via della carta) solo nel 1908 e quotidiano nel 1919. Sono periodi di cambiamento non solo per le strutture, ma anche per chi ci lavora. Adesso la maggior parte dei giornalisti può vivere con i proventi della professione.

Nel 1908 nasce il sindacato dei giornalisti, la Fnsi, che è una federazione di tutte le associazioni sindacali giornalistiche. Uno degli obiettivi della Fnsi (Federazione nazionale della stampa italiana) è di tutelare la stampa sia nei rapporti con i pubblico che in quelli con il potere. E proprio in questo anno la professione riceve, seppure in forma indiretta, il primo riconoscimento giuridico. La legge 9 luglio 1908 numero 406 sulle concessioni ferroviarie, all'articolo 4 prevede il rilascio di otto scontrini che garantiscono uno sconto del 75 per cento sul prezzo intero del biglietto «alle persone che fanno del giornalismo la professione abituale, unica e retribuita».[8]

1.12 Il grande giornalismo

Nel 1900 salgono alla ribalta tre direttori che passeranno alla storia del giornalismo italiano sia per la loro statura che per le loro idee. Luigi Albertini del Corriere della Sera, Alfredo Frassati della Stampa e Alberto Bergamini del Giornale d'Italia. La stampa nostrana entra prepotentemente in una fase nuova grazie alla spinta di questi tre personaggi.

L'attore principale è senza dubbio Albertini. È un uomo di grande rigore, è molto legato alle idee conservatrici della Destra storica anche se liberal. Non ama affatto Giolitti. Con lui alla guida il giornale si stabilisce nella sede di via Solferino (qui si trova tuttora) dove vengono installate rotative modernissime e le linotype. Capisce l'importanza di investire soprattutto sugli uomini e in poco tempo crea una fitta rete di corrispondenti dalle maggiori capitali europee. Nelle pagine del suo giornale c'è spazio anche per lo sport. Con lui il Corsera diventa il primo quotidiano d'Italia.

Alfredo Frassati è della stessa tempra del collega Albertini. Di diverso tra i due c'è solo la visione politica. Il 'piemontesÈ, infatti, si ispira ai principi del riformismo liberale ed è molto vicino alle idee degli industriali del nord. Anche lui investe sugli uomini e tra i suoi collaboratori c'è Luigi Einaudi (che più tardi diventerà presidente della Repubblica). Al contrario di Albertini, Frassati è amico di Giolitti, ne condivide le idee e questo contribuisce ulteriormente alla rivalità tra i due quotidiani.

Rispetto ai primi due, Alberto Bergamini - che non condivide le idee e la politica di Giolitti - si distingue per l'invenzione della terza pagina. È solo in questa che si parla di cultura e la sua stesura è affidata a penne e nomi di prestigio del panorama culturale italiano. Il giornale capitolino introduce molti elementi di novità e appare più mosso rispetto agli altri due. Ci sono molte interviste, i primi referendum lanciati tra i lettori e minore austerità. Nella terza pagina, che viene adottata presto anche dagli altri quotidiani, ci sono poesie, racconti e passi eruditi. Quella della terza pagina è una peculiarità tutta italiana.

Nei primi decenni del '900 si sviluppa anche il giornalismo di parte. Tali sono i giornali di ispirazione socialista, cattolica e nazionalista. Ma adesso bisogna scrivere bene perché sempre più lettori hanno il palato buono e non comprano un giornale per leggere le sterili parole della propria fazione. La stampa cattolica si contraddistingue per l'incitamento ai suoi aderenti a impegnarsi nel sociale. La novità di questi anni sono gli organi nazionalisti che non vedono di buon occhio la democrazia, il socialismo e la politica di Giolitti. Il maggiore rappresentante di questa cultura è Gabriele D'Annunzio che presto diventerà il vate nazionale.

1.13 I giornali e la guerra

Un'ulteriore dimostrazione del potere dei giornali di fare breccia nell'opinione pubblica viene dalla guerra di Libia. Influenzati dalle idee dannunziane, tutti gli organi di informazione, ad eccezione di quelli socialisti, spingono per la guerra. Vogliono la conquista della regione africana vista come una terra promessa grondante ricchezza, ma alla fine, ad avventura conclusa, tutti si rendono conto dell'errore commesso. In questi anni, infatti, non sono stati ancora scoperti gli ingenti giacimenti petroliferi. Proprio in questo periodo fa il suo ingresso sulla scena giornalistica Benito Mussolini che nel 1912 diventa direttore dell'Avanti.

Molti giornali vogliono l'entrata nella grande guerra perché in questa vedono l'occasione per sconfiggere l'Austria-Ungheria e portare a compimento il Risorgimento. Sono a favore anche i giornali cattolici. A un passo dall'intervento, la prima mossa delle autorità è di varare delle norme per il controllo della stampa. Ai giornali è vietato dare notizie di carattere militare, di pubblicare il numero di morti e feriti e viene reintrodotto il sequestro. In pratica dalla metà del 1915 alla metà del 1919 si opera in un regime di limitazione della libertà di informazione. La guerra, però, si annuncia più lunga e più difficile del previsto e le autorità si rendono conto che un giornalismo che pubblica notizie tranquillizzanti è fondamentale sia nel paese che nelle trincee. Di conseguenza ai giornali viene data facoltà di parlare degli avvenimenti ma con molto colore e tanta retorica. Della caduta dello Zar in Russia e della conseguente presa di potere dei bolscevichi e della disfatta di Caporetto, ovviamente non si scrive. Sembrano questi eventi premonitori di quanto accadrà più tardi nel paese con l'ascesa di Mussolini al potere.

Cessata la guerra c'è da ricostruire il Paese. L'industria trainante è quella siderurgica e sono proprio gli industriali dell'acciaio a favorire, con i loro quattrini, la rinascita del settore editoriale. A loro i giornali servono per ottenere favori dal mondo politico. Esattamente quanto avevamo visto con Oblieght. Nonostante le pesanti ristrettezze i giornali del dopoguerra sono molto vivaci e scrivono parecchio di politica, cronaca e cultura. Quello che di vecchio resta è il solito concetto sbagliato del giornalismo. Questo non viene visto come un servizio rivolto al pubblico e alla società, ma come strumento per esercitare il proprio potere. Ma adesso è già tardi. I nuovi eventi che sono prossimi per accadere coinvolgeranno tutto e tutti come un fiume in piena senza che nessuno abbia il tempo di reagire. Il fascismo è alle porte e la libertà dell'informazione ne sarà la prima vittima

1.14 Il fascismo e la stampa

1.14.1 L'avvento del fascismo

«La cosiddetta libertà di stampa non è soltanto un diritto, è un dovere! È bene ripetere che oggi una semplice notizia di un giornale, sia essa vera, sia essa tendenziosa, può essere apportatrice di danni incalcolabili alla Nazione... Se si vuole, come si vuole, che il giornalismo sia una missione, ebbene, ogni missione è accompagnata irrevocabilmente da un senso altissimo di responsabilità. Al di fuor di qui, non c'è missione, c'è mestiere». In poche frasi il sunto del pensiero fascista: al di sopra di tutto ci sono gli interessi dello Stato. In soldoni, il giornalismo ha una missione da compiere: deve inculcare nel popolo la 'cultura' fascista. Ma ad una condizione: «I gerarchi non vanno disturbati, come non si disturba il pilota dell'aeroplano in volo o il conduttore del treno in corsa». Questo è il ruolo che il dittatore di Predappio, che ama ricordare agli altri di essere un giornalista, ha deciso di assegnare alla stampa: servire il regime, servire la rivoluzione fascista.

Occorrono poco più di tre anni (dal 1922 al 1925) a Mussolini per instaurare la dittatura, ma in realtà il lavoro comincia molto prima. È il 1919 quando vengono fondati i fasci di combattimento e già in quell'anno hanno inizio gli episodi di violenza nei confronti degli organi di informazione senza che la pubblica autorità intervenga. Nonostante le proteste nessuno si dà da fare per trovare una soluzione. A furia di prendere sotto gamba il fenomeno comincia a diventare davvero difficile, se non pericoloso, svolgere questo mestiere. Basta, infatti, una piccola critica verso i ras locali o un tentativo di opposizione per scatenare la furia dei teppisti in camicia nera.

Nel 1921 ben 29 sedi di giornali vengono devastate dagli squadristi. E non ci sono solo queste forme di ritorsione. Per convincere i giornali a più miti consigli si usano anche altre armi: si sequestrano i pacchi delle copie che arrivano nelle stazioni ferroviarie o negli uffici postali, si minacciano i rivenditori, si incendiano le edicole. I primi a cedere ai ricatti sono i quotidiani di provincia e quelli che non possono contare sulla pubblica opinione di idee conservatrici. Per timore di rappresaglie o incidenti, cominciano dapprima ad astenersi dalle critiche contro il regime e poi ne diventano succubi. Gli attentati si susseguono, le denunce sia pubbliche che giudiziarie anche, ma le autorità latitano.

Tutto ciò perché i grandi giornali - interpreti del pensiero borghese e aristocratico - all'inizio mostrano una certa condiscendenza verso il fascismo pensando di sfruttarlo per riportare gli eventi sotto l'egida liberal-conservatrice a scapito della sinistra. Ma scoprono tardi - solo nell'estate del 1922 - che Mussolini è stato più scaltro di loro e si è impossessato del potere. Subito diffondono l'allarme nell'opinione pubblica, ma è tardi. La marcia su Roma è in corso e molto presto Mussolini Benito da Predappio, figlio della rossa Romagna, di origini socialiste, ma convertito a ideologie di destra, riceverà l'incarico di formare il suo primo governo.

1.14.2 Gli elogi e le speranze della categoria

L'idea di avere un 'collega' al governo trova consenso nella categoria giornalistica e porta la speranza che tale presenza porti la fine degli attentati squadristi e la libertà di stampa: «L'Associazione della stampa toscana - si legge in un telegramma - lieta e orgogliosa che uno dei figli più ardenti, più battaglieri e più geniali del giornalismo italiano sia stato chiamato a dirigere le sorti della nazione in uno dei momenti più gravi della sua storia, Vi saluta con cuore fidente, augurandosi che con la grandezza e la prosperità dell'Italia, il Vostro illuminato intelletto e il Vostro senso di responsabilità valgano pure dopo la vittoria conquistata nel nome della Patria a ristabilire nei limiti sempre del supremo interesse nazionale, il sacro principio della libertà di stampa, caro al cuore di tutta la classe giornalistica italiana».[9] Sono in molti a insistere su questo e Mussolini ha una risposta per tutti: «Superate le condizioni dell'eccezionale momento, intendo salvaguardare la libertà di stampa, purché la stampa sia degna di tale libertà. La libertà non è soltanto un diritto, è un dovere».

Il pensiero e gli obbiettivi sono abbastanza chiari, ma all'inizio Mussolini utilizza la via della pazienza e dell'ambiguità per attuarli. In questa fase è necessario stabilizzare il regime e non bisogna avere fretta. I fedelissimi non sono ancora ai ponti di comando e una mossa sbagliata potrebbe svelare al popolo quali sono i veri intenti del neo presidente del consiglio. I giornali - specie quelli più importanti - non vanno combattuti, ma sottomessi docilmente in modo da facilitare il loro utilizzo nella politica di propaganda. Quando la categoria gli chiede garanzie perché non ci sia un ritorno al passato, agli anni bui della repressione e del controllo, Mussolini si affretta nelle rassicurazioni. Mario Borsa, direttore del Secolo di Milano prima che la direzione gli venga tolta per affidarla a un fedelissimo del regime, rivela la responsabilità di chi sapeva e temeva, ma non parlava: «Forse il fascismo non avrebbe così largo sviluppo, o almeno non sarebbe caduto in tanti eccessi, se la stampa non avesse lasciato fare, mantenendosi in un riserbo che poté essere interpretato come una approvazione. Il silenzio e l'omissione finirono così per tradursi in una vera e propria complicità».[10]

1.14.3 L'era fascista

Il primo provvedimento ufficiale del governo è il decreto legge del 15 luglio 1923. Due gli aspetti che lo caratterizzano: la risoluzione dell'annosa questione del responsabile del giornale e la facoltà assegnata ai prefetti di diffidare il gerente responsabile. Il tono e l'intento sono specificamente autoritari.

«Il gerente responsabile di un giornale o di altra pubblicazione periodica oltre ad avere i requisiti previsti dall'Editto medesimo (ossia quello Albertino, ndr), deve essere direttore o uno dei principali redattori ordinari del giornale o della pubblicazione e - questo il passo più discusso - deve ottenere il riconoscimento del prefetto della provincia ove il giornale o la pubblicazione vengono stampati». Viene meno così il senso di impunità fin qui garantito dalla figura della testa di legno della quale approfittano soprattutto i giornali libellistici.

Ma di una certa gravità è l'assegnazione di ampi poteri a una figura (il prefetto) che rappresenta il potere esecutivo e che può decidere la vita o la morte di un giornale. In poche parole il controllato decide chi nominare come suo controllore.

Il secondo atto è il decreto legge del 10 luglio del 1924, qualche mese dopo le elezioni di aprile che hanno sancito il potere assoluto del partito dei fasci con il 65 per cento dei voti e più di tre quarti dei seggi. Con questo decreto i prefetti vengono autorizzati a sequestrare quotidiani e periodici se a loro libero arbitrio sussistono i presupposti di dannosità, pericolosità e vilipendio. Il 12 luglio il ministro degli Interni Federzoni invia una circolare a tutti i prefetti per imporre loro la massima severità nell'applicazione della legge ribadendo i soliti concetti: «I provvedimenti per la vigilanza sulla stampa sono stati determinati dalla considerazione che le polemiche intemperanti e la pubblicazione di notizie tendenziose abbiano grandemente contribuito a perturbare lo spirito pubblico in questo momento... In queste condizioni, il Governo ha ritenuto necessario di interpretare il pensiero della più gran parte della opinione pubblica che invoca il ritorno della normalità... È ovvio che tali provvedimenti dovranno servire di giusta arma di difesa contro le intollerabili intemperanze di quella più accesa stampa sovversiva, che suole trarre argomento da tutti i più tristi avvenimenti di cronaca per eccitare l'odio fra le classi e la ribellione contro lo Stato e l'ordine sociale. Ma nello stesso tempo dovranno essere attentamente vigilati e, quando occorre, fatti oggetti delle sanzioni stabilite nei provvedimenti quei giornali più o meno costituzionali, che, sotto il pretesto di combattere la politica del governo, tengono lo spirito pubblico in una preoccupante eccitazione, con un linguaggio che eguaglia sovente per la virulenza sua quello della stampa sovversiva, come gli stessi giornali fascisti quando questi, con eccessi inconsiderati, diano esca a pericolose accensioni di animi, atte a perturbare lo spirito pubblico».[11]

Dopo il delitto del segretario del Psu (Partito socialista unitario), Giacomo Matteotti, il cui cadavere viene ritrovato nell'agosto di quell'anno, il Partito nazionale fascista (Pnf) organizza l'Ufficio stampa. Questa struttura sarà utilizzata per un più stretto controllo degli organi di informazione attraverso le Note di servizio o veline con le quali il regime impartisce gli ordini ai giornali. Gli unici ad opporsi sono i dirigenti della Federazione nazionale della stampa (Fnsi). Ma ancora non per molto dato che è ferma intenzione del Pnf disfarsi di questi personaggi e prendere il controllo del sindacato.

Al fianco della federazione della stampa ci sono gli uomini politici liberali e socialcomunisti, ma in questa fase fanno ben poco dato che hanno optato - dopo il delitto Matteotti - per l'Aventino, ossia di non partecipare ai lavori parlamentari. Emblematico il giudizio di Giuseppe Meoni, consigliere delegato della Fnsi: «In sostanza, il disegno di legge non è che l'elevazione all'ennesima potenza dello spirito illiberale, vessatorio e fazioso da cui furono pervasi i deploratissimi provvedimenti polizieschi di eccezione. Invece di trovarci dinanzi a una legge che regoli la libertà di stampa, siamo in presenza di un congegno che la regola sì, ma a patto di farla scomparire dalla circolazione... Con leggi simili non ci vuole molto tempo per fare piazza pulita di tutti i giornali incomodi e impedire, con la paura messa in corpo ai proprietari delle stamperie, che altri ne sorgano».

Nel 1925, Mario Borsa, direttore del Secolo, esprimerà un giudizio molto negativo sul giornalismo italiano degli anni precedenti all'avvento del Fascismo. «La stampa italiana - scrive - e in particolare quella democratica e liberale hanno taciuto troppe cose e troppo a lungo... Il pubblico ha solo una imperfettissima idea di quello che è accaduto nel 1921 e 1922. Le purghe di olio di ricino, le randellate, le spedizioni punitive, i bandi, le distruzioni e gli incendi delle cooperative, delle Camere del Lavoro, delle società operaie si consumavano nell'ombra, talora colla connivenza delle autorità e trovavano appena cenni fuggevoli, attenuati, deformati nella cronaca dei nostri maggiori giornali. La stessa teoria della forza che l'on. Mussolini andava svolgendo con crescente baldanza nei suoi articoli quotidiani non provocava che deboli, incerte e timide confutazioni. La stampa italiana - fatte poche onorevoli eccezioni - aveva disertato il campo; aveva tradito la missione. Ci possono essere state, lo ammetto, delle attenuanti. I corrispondenti provinciali erano messi a dura prova e non potevano riferire la verità ai loro giornali... Si aggiunga che nemmeno le redazioni avevano le mani libere. I sistemi fascisti di invadere e distruggere le tipografie, di rovinare il macchinario, di fare falò dei giornali, avevano preoccupato i proprietari che, naturalmente, premevano sui giornalisti raccomandando loro la circospezione e la prudenza. Rari sono stati i casi di sincerità e fierezza».[12]

Le insistenze dei giornali non allineati si fanno sempre più dure e pungenti, Mussolini perde la pazienza e fa scoccare l'ora della dittatura.

1.14.4 La dittatura fascista

Il 3 gennaio 1925, con un discorso in parlamento, Mussolini annuncia l'instaurazione della dittatura. Il primo provvedimento è un ritorno al passato: viene ripristinato il sequestro preventivo. Ma il peggio non è ancora giunto e il giro di vite non è lontano. Il 1° novembre 1926, in seguito ad un attentato ai danni del duce in visita a Bologna, vengono soppressi tutti i giornali di opposizione e di partito e vengono dichiarati decaduti i 120 deputati dell'Aventino.

L'8 novembre viene revocata a tempo indeterminato la gerenza di tutti i fogli quotidiani e periodici ostili al regime; vengono rivisti tutti i passaporti per l'estero; vengono introdotte severe sanzioni per il reato di espatrio clandestino; vengono sciolti tutti i partiti, associazioni e enti che svolgono attività ostile al regime; viene imposto il confino di polizia per quanti manifestano il deliberato proposito di commettere atti diretti a sovvertire con la violenza gli ordinamenti costituiti dello Stato. Per svolgere la professione giornalistica occorre essere iscritti all'Albo - che viene istituito con il regio decreto 384 del 26 febbraio 1928 - e al sindacato fascista che non è solo un'organizzazione di tutela dei diritti della categoria, ma anche uno strumento squisitamente politico agli ordini del duce e del partito fascista. Al sindacato possono iscriversi solo i giornalisti che hanno i requisiti politici necessari o che possono giustificare i loro precedenti atteggiamenti politici.

Restano rigorosamente esclusi tutti coloro che hanno ricoperto posti di responsabilità in giornali di opposizione, che si sono macchiati di gravi colpe verso il regime o ritenuti immeritevoli di appartenere a un'organizzazione fascista. In teoria basterebbe solo l'iscrizione all'Albo, ma in pratica non è sufficiente per esercitare la professione perché occorre sempre passare dal sindacato.

Il 10 ottobre 1928, il duce parla a 70 direttori di quotidiani convocati a Palazzo Chigi: «In un regime totalitario, come deve essere necessariamente un regime sorto da una rivoluzione trionfante, la stampa è un elemento di questo regime, una forza al servizio di questo regime. In un regime unitario, la stampa non può essere estranea a questa unità... Partendo da questo incontrovertibile fatto si ha immediatamente una bussola di orientamento... Ciò che è nocivo si evita e ciò che è utile al regime si fa». Poche parole per chiarire qual è il concetto che della stampa e della sua libertà ha il fascismo e per decretare, allo stesso tempo, la fine della vera funzione del giornalismo, ossia informare e dare voce a chi non ce l'ha.

Ma il discorso del leader continua: «Le vecchie accuse sulla soffocazione della libertà di stampa da parte della tirannia fascista non hanno più credito alcuno. La stampa più libera del mondo intero è la stampa italiana. Altrove i giornali sono agli ordini di gruppi plutocratici, di partiti, di individui; altrove sono ridotti al compito gramo della compravendita di notizie eccitanti, la cui lettura reiterata finisce per determinare nel pubblico una specie di stupefatta saturazione, con sintomi di atonia e di imbecillità; altrove i giornali sono ormai raggruppati nelle mani di pochissimi individui che considerano il giornale come un'industria vera e propria tale e quale come l'industria del ferro e del cuoio. Il giornalismo italiano è libero perché serve soltanto una causa e un regime; è libero perché, nell'ambito delle leggi del regime, può esercitare, e le esercita, funzioni di controllo, di critica, di propulsione. Io contesto nella maniera più assoluta che la stampa italiana sia il regno della noia e dell'uniformità... Qui voglio affermare che, tolte le questioni strettamente politiche o quelle che sono fondamentali nella rivoluzione, per tutte le altre questioni la critica può limitatamente esercitarsi... Ciò precisato, la stampa nazionale, regionale e provinciale serve il regime illustrandone l'opera quotidiana, creando e mantenendo un ambiente di consenso intorno a quest'opera. Non servono il regime coloro i quali si abbandonano al lusso del catonismo generico, del moralismo irresponsabile... Non servono il regime coloro i quali, non controllandosi forniscono alimento alla causa degli avversari».[13]

1.14.5 Il Codice penale Rocco

Spetta al nuovo codice - entrato in vigore nel 1930 - precisare la responsabilità penale del direttore di un giornale e prevenire e reprimere i reati commessi a mezzo stampa. Gli articoli più importanti sono il 57 e il 58, ma a questi se ne aggiungono molti altri nei quali è contemplata una miriade di reati legati all'istituto del vilipendio.

All'articolo 57 (Responsabilità per reati commessi col mezzo della stampa) viene specificato che il direttore responsabile di uno stampato periodico, in quanto tale e solo per questo, risponde del reato commesso insieme all'autore della pubblicazione. Si tratta cioè della responsabilità oggettiva; per la stampa non periodica, invece, risponde l'autore della pubblicazione e se questi è ignoto o non imputabile 'paga' l'editore o in subordine lo stampatore.

Al 58 (Stampa clandestina) viene chiarito che, ignoti o non imputabili gli autori, dei reati commessi con la stampa clandestina rispondono tutti coloro che divulgano gli stampati.

Vengono poi contemplati dei casi in cui il reato non può esserci se non c'è il mezzo della stampa e casi in cui il reato si può avere anche con tale ausilio. In questi ultimi il fatto di usare la stampa costituisce un aggravante.

I reati aumentano in maniera esponenziale e le pene vengono pesantemente aggravate. C'è il vilipendio delle istituzioni costituzionali (art. 290); della nazione italiana (art. 291); della religione di Stato (art. 402); dei culti ammessi nello Stato (art. 406). «Per questi reati emerge, più che per altri, il problema del rapporto tra vilipendio e offesa. Finché si tratta di persone si può anche sostenere, infatti, che il vilipendio è quell'offesa particolarmente intesa atta a suscitare il disprezzo dei consociati. Ma che dire quando è previsto il vilipendio di istituzioni? È evidente che solo per abnorme finzione si può parlare di offese all'onore e alla reputazione di entità impersonali: e tanto più appare criticabile l'idea di perseguire penalmente comportamenti che non ledono l'onore e la rispettabilità di nessun individuo in particolare».[14]

Per quanto riguarda gli altri reati occorre ricordare: la pubblicazione di notizie false, esagerate o tendenziose per le quali possa essere turbato l'ordine pubblico (art. 656) se il fatto non costituisce più grave reato; l'istigazione a commettere delitti contro la sicurezza dello Stato e l'apologia dei medesimi (art. 303);

l'incitamento a pratiche contro la procreazione (art. 553); l'istigazione a delinquere, ossia a commettere reati in genere e l'apologia dei medesimi (art. 414); l'istigazione a disobbedire alle leggi di ordine pubblico o all'odio fra le classi sociali (art. 415); il fatto di offendere pubblicamente una persona o di additarla al pubblico disprezzo perché non ha accettato una sfida a duello (art. 400); la pubblicazione di scritti, disegni e fotografie considerati osceni secondo il criterio di offesa al comune sentimento del pudore (art. 528 e 529).

1.14.6 Le disposizioni ai giornali

Sin dal 1924 il capo del governo si serve dell'Ufficio stampa per far giungere le sue note e i suoi ordini agli organi di informazione. Ma dopo l'instaurazione della dittatura, questo ufficio viene rafforzato e da qui gli ordini partono molto più frequentemente che in passato. Questa struttura dispone anche di fondi da destinare alle sovvenzioni di giornali e giornalisti. Attraverso le disposizioni, il duce interviene nella redazione dei giornali e stabilisce quali notizie vanno tagliate o minimizzate o esaltate. Il chiodo fisso dei fratelli Mussolini è la cronaca nera. Questa non va trattata perché fonte di notizie per i nemici che vogliono mettere in ridicolo o screditare la nazione.

I giornali devono parlare solo di fatti positivi, devono castigare i costumi e come missione hanno l'educazione del popolo e la lotta contro i nemici esterni. Le circolari ai prefetti che le devono girare ai giornali si susseguono freneticamente. A furia di ricevere ordini e contrordini, censure, sequestri, sospensioni ed epurazioni, la stampa italiana è diventata piatta, grigia e terribilmente monotona e uguale. Basta leggere un giornale per sapere come sono tutti gli altri. E la denuncia viene proprio da un giornale del regime, Critica fascista, diretta da Giuseppe Bottai: «Venendo al pratico, è bene considerare ad esempio a quale spirito di reale utilità e di ideale disciplina risponda il tono terribilmente uniforme della stampa fascista, da cui si cerca di bandire, in nome della disciplina, ogni tendenza al ragionamento, alla critica, a quella concorde discordia da cui solo possono nascere, non diciamo le idee, ma le convinzioni».

Viene fatto un elenco con i reati che vanno assolutamente minimizzati. Si va dai duelli, alle devastazioni; dai saccheggi alla pubblica intimidazione; dalle stragi agli atti osceni; dalla prostituzione ai delitti particolarmente efferati.

Nonostante l'impegno e lo stretto controllo dell'Ufficio stampa e nonostante lo zelo dei giornali nel servire la causa fascista, Mussolini appare poco contento del contributo dato dagli organi di informazione alla sua propaganda. Ma è facile capire perché tutto questo al duce non basta. Consolidato il potere grazie alle menzogne pubblicate sui giornali, ora ha ancora bisogno di loro per rendere appetibile o, forse, meno indigesta agli italiani la sua idea di costruire un grande impero attraverso le annessioni e l'alleanza con Hitler.

1.14.7 La modernizzazione dei quotidiani

Nonostante tutto, all'inizio degli anni 30, grazie al progresso tecnologico il regime avvia un processo di modernizzazione. Le rotative stampano più velocemente e con una migliore resa tecnica; la riproduzione delle fotografie è migliorata; le immagini si possono ricevere anche via telegrafo; le auto e la migliorata rete stradale favoriscono la distribuzione; il telefono - almeno nei grandi giornali - comincia a sostituire sempre più frequentemente e in maniera più proficua il telegrafo.

La modernizzazione viene sviluppata su tre piani: tecnico (vengono costruiti nuovi impianti o ammodernati quelli già esistenti e si adottano nuove tecnologie), editoriale (vengono rilanciati i giornali della sera; aumentano le edizioni straordinarie e le pagine; partono le campagne promozionali), giornalistico (l'impaginazione è orizzontale e permette di usare titoli a più colonne; l'uso delle fotografie diventa massiccio; si parla di più di sport, cinema, teatro, moda e varietà e si dedica maggiore attenzione alla cultura).

La novità più rilevante di questo periodo è la stampa in rotocalco che consente una migliore riproduzione delle foto e un processo di stampa più veloce e meno costoso. Questo sistema viene adottato per lanciare nuovi prodotti editoriali rivolti a specifiche categorie. È in questo periodo che nascono (e hanno successo) periodici per le donne (Novella, Lei, Grazia), per gli appassionati di sport (Il Calcio illustrato), per i ragazzi.

1.14.8 La mobilitazione per l'impero

La prima cosa da fare per lanciare una buona campagna di stampa pro impero è rafforzare ulteriormente l'Ufficio stampa. Con il Regio

Decreto Legge 1009 del 24 giugno 1935 diventa il Ministero per la stampa e la propaganda. A guidarlo è il conte, nonché genero del duce, Galeazzo Ciano. Questi, con il R.D.L. 752 del 22 aprile 1937, lo trasformerà nel Ministero della cultura popolare ben presto battezzato come il Minculpop. È con Ciano alla propaganda che vengono istituzionalizzate le veline. Si tratta dei comunicati e delle note di servizio che attraverso i prefetti vengono spedite ai giornali per ordinare loro come impostare il lavoro redazionale. Dovendo preparare una copia per ogni giornale, servono tanti ordini e per scriverli tutti insieme viene impiegata la carta carbone. Per farli entrare tutti in macchina, però, è necessario che lo spessore non sia troppo grosso. Per questo viene usata una carta molto sottile, ossia la carta riso o velina.

Dei fermenti in corso ne dà notizia lo stesso duce con una nota rivolta ai giornali. I toni sono quelli della guerra: «Discorso da soldato a soldati. I giornalisti italiani devono considerarsi militi comandati a guardare il settore più avanzato e più delicato del fronte fascista e a manovrare l'arma più potente e pericolosa di ogni battaglia. Il duce si è servito di questa arma per le prime conquiste, se ne serve ancora per colpire alto, lontano e vicino. Oggi tutta la nazione è blocco e scudo: e tutti i giornali formano una sola bandiera. Pensiero e azione sono nel commento e nella notizia più fusi che mai... Il Fascismo vuole un giornalismo milite... Servire la Causa, far conoscere a tutti ciò che è utile, valorizzare ciò che è nato sano, buono, bello ed eroico; ignorare il resto, seppellirlo nel buio dell'indifferenza assoluta. I giornalisti sono degli educatori del popolo, e devono educarlo a vivere, a sentire, a pensare imperialmente».[15]

A partire proprio dall'estate del 1935, sui giornali non si fa che parlare delle immense ricchezze e opportunità che l'Africa può dare all'Italia. Lo storico Renzo De Felice a tal proposito scrive: «Mai come in questa occasione il fascismo riuscì a mobilitare e ad utilizzare a fondo le possibilità offertegli dal monopolio dell'informazione e dalle moderne tecniche della propaganda di massa. Tutti gli strumenti furono utilizzati al massimo: stampa, radio, cinema, organizzazioni di massa, scuola, ecc. Tutte le categorie di cittadini furono investite».[16] Ai mezzi di informazione spetta, quindi, il compito di preparare la guerra.

1.14.9 L'Italia entra in guerra

Il 10 aprile 1940, visti i successi di Hitler, il duce sta meditando di entrare in guerra al suo fianco. Come sempre, la prima mossa è l'invito ai giornali a preparare il terreno. «Bisogna elevare gradualmente la temperatura del popolo italiano per creare il clima necessario per gli sviluppi inevitabili e ineluttabili che ci attendono... Sono sicuro che voi saprete portare il popolo al clima voluto. E se ci saranno resistenze da parte di certa borghesia, al tempo opportuno rastrelleremo». Essendo i giornali megafoni dei bollettini ufficiali, però, la gente non è più interessata a leggerli e la tiratura cala vistosamente. I lettori vogliono sapere davvero cosa succede sul fronte, ma i giornali non lo dicono. A soddisfarli ci pensano Radio Londra e Radio Mosca. Dai loro microfoni parlano molti antifascisti in esilio.

Alle ore 22 del 25 luglio 1943, la radio irradia un annuncio molto importante: «Attenzione! Attenzione! Sua maestà il Re d'Italia ha accettato le dimissioni del cavalier Benito Mussolini e ha incaricato il maresciallo Pietro Badoglio...». Anche se la guerra continua, la camicia di forza con la quale il fascismo ha tenuto tutti legati per 20 anni è stata strappata e tutti - come se niente fosse accaduto e come se non ci avessero messo del loro - si sentono più liberi. In tutte le redazioni comincia una notte frenetica, mentre la gente si raduna sotto le sedi dei giornali. Il giorno dopo tutti i quotidiani vanno a ruba tranne uno, Il popolo d'Italia.

Così Giorgio Bocca ricorda gli anni della dittatura: «L'Italia nera, dei delitti, riemerge a fine '45. Per vent'anni, durante il fascismo, omicidi, rapine, stupri sono scomparsi dai giornali e dalla radio. A me arrivavano gli echi, le voci, delle donne strangolate dal bandito Pollastri nei carruggi di Ventimiglia alta o sul lungomare di Mentone. Noi neanche una riga, ma ne parlavano i giornali francesi... Della Mafia e della Camorra non si parlava. Un dittatore giornalista aveva inventato una sua Italia, virtuosa, laboriosa e guerriera».[17]

1.15 Torna la libertà

Nel settembre del 1943, la guerra non è ancora finita e l'Italia è spaccata in due. Al nord fascisti e nazisti, al sud gli alleati. L'informazione non è affatto libera dato che le parti in conflitto la tengono sotto stretto controllo. Nel frattempo i partiti politici si stanno faticosamente ricostituendo e inevitabilmente usano la stampa come strumento di lotta politica. In questo periodo il ruolo centrale spetta alla radio. È in atto la guerra delle onde con le stazioni radiofoniche del sud che si contrappongono a quelle del nord sotto l'egida dei nazifascisti.

Le radio alleate cercano di dare il loro contributo ai partigiani che nelle terre occupate lottano clandestinamente contro i tedeschi. Alcuni regi decreti del periodo fascista che limitano la libertà di espressione vengono aboliti e attraverso le radio si fanno programmi di informazione e di intrattenimento meno ingessati. La prima prova che la guerra è ormai alla fine è l'uscita degli organi di partito: il socialista L'Avanti, il comunista l'Unità, il popolare Il Popolo, il liberale Risorgimento liberale, il repubblicano La Voce Repubblicana e l'azionista L'Italia libera.

È di questo periodo la nascita dell'Uomo qualunque, giornale del commediografo Guglielmo Giannini che fonda anche l'omonimo movimento politico basato sull'anti politica. Del fascismo viene conservato l'Albo dei giornalisti. La radio resta sotto controllo statale e nel 1944 viene creata la Rai (Radio Audizioni Italia). Il primo direttore del giornale radio, lo scrittore Corrado Alvaro, si dimette un mese dopo la sua nomina denunciando «inopportuni interventi che miravano a limitare o annullare la libertà di informazione». È dello stesso anno la creazione dell'Ansa, l'Agenzia nazionale stampa associata.

Dopo la liberazione anche al nord i giornali riscoprono la libertà e si dedicano alla cronaca nera e alla politica dopo 20 anni di silenzio. Ma nonostante questo, parte della legislazione resta di stampo illiberale. È Venuta meno la censura, ma non il sequestro preventivo che verrà eliminato solo alla vigilia delle elezioni per l'Assemblea Costituente. E, infatti, in un editoriale sul Corriere Lombardo - foglio nato nel 1945 e quasi subito battezzato 'il Bombardo' per via dell'uso di titoli spesso gridati - Tommaso Besozzi scrive: «Diciamo la verità; restaurata la libertà di stampa dopo ventidue anni di bavaglio, sembrò dapprima che tutti gli altri giornali la sapessero godere esclusivamente sul piano politico... Ma libertà di stampa non significa soltanto poter dire le proprie opinioni, poter gridare evviva o abbasso! Vuol dire anche poter raccontare i fatti con sincera schiettezza, dire pane al pane e vino al vino, vedere i maggiori personaggi non solo nella loro veste ufficiale ma anche come uomini, belli o brutti, simpatici o no, sani o malati. E sbarazzarsi delle frasi fatte, dei pregiudizi, della retorica».[18]

Cominciano ad avere un certo successo anche due giornali sportivi: La Gazzetta dello Sport e il Corriere dello Sport. A Milano tornano in vita i rotocalchi. La novità assoluta è L'Europeo. I giornali di informazione - dove torna la terza pagina - sono più vivi e più completi di quelli di partito. I democristiani si dimostrano altamente perspicaci e occupano la Rai che è posta sotto il controllo del ministro democristiano delle poste Mario Scelba.

Nel 1946 in Italia si contano 146 quotidiani. In netta prevalenza sono quelli di centro-destra. La Dc comincia ad avere i primi problemi con il suo 'azionista' di riferimento, la Chiesa, che con il reazionario Pio XII la pressa perché venga ridotta la libertà di stampa. Nel paese si dovrebbe cominciare a respirare aria nuova, aria libera, ma non è proprio così e qualche anno più tardi, in un fondo del Corriere Lombardo si legge: «Con la caduta del fascismo, la libertà di stampa fu ristabilita de jure, ma non di fatto. Poiché è chiaro che non basta una legge a garantirla se poi mancano le condizioni pratiche necessarie alla vita indipendente dei giornali... Dopo il forzato conformismo della stampa fascista, considerammo che una reazione era necessaria, che il pubblico voleva innanzi tutto la verità, anche se cruda, la verità senza veli e senza ipocrisie. E non importa se la vita, di cui il giornale nella sua parte informativa, deve essere fedele specchio, è fatta di luci e di ombra, di eroismo e di viltà, di materia preziosa e di fango; se in essa il sorriso si alterna alla smorfia tragica... Contro di noi furono e sono i bonzi del giornalismo tradizionale, le arcigne vestali di uno stile informativo indubbiamente nobile ma non più intonato ai tempi, i farisei del falso pudore e della falsa dignità».[19]

1.16 La Carta Costituzionale

L'articolo 21 della Costituzione viene approvato il 15 aprile 1947 dall'Assemblea Costituente. Viene sancita la libertà della stampa e il sequestro viene previsto solo in casi eccezionali. L'articolo presenta delle scorciatoie che qualche reazionario potrebbe interpretare in maniera più restrittiva e nell'Assemblea, per evitare ciò, si pensa subito ad una legge organica sulla stampa. Questa viene approvata l'8 febbraio 1948 ed è la numero 47.

Non è una norma costituzionale, ma essendo stata approvata

dall'Assemblea Costituente ne ha la valenza. Secondo molti la pecca di questa norma, al contrario del più completo dettato costituzionale, è che tutta l'attenzione è rivolta alla carta stampata e non si prendono in considerazione altri mezzi di informazione come la radio e la vicina televisione.

Scrive al proposito Ugo De Siervo: «In genere il giudizio sull'adeguatezza di queste disposizioni ai problemi dell'informazione quali si presentavano già in quel periodo è alquanto negativo, ma per ciò che riguarda in modo specifico la stampa occorre forse essere meno perentori perché il dibattito appare invece tale da chiudere infine alcuni antichi, ma fino ad allora irrisolti, problemi e soprattutto tale da aprire esplicitamente a livello costituzionale una nuova prospettiva di disciplina del settore pur nella conferma della libertà e del pluralismo editoriale... Mentre i contenuti relativi ai limiti alla libertà di stampa erano relativamente naturali in un testo costituzionale che doveva reagire a legislazioni e prassi illiberali, prescrizioni costituzionali miranti a garantire la libertà della stampa costituivano, invece, qualcosa di profondamente nuovo nelle Costituzioni liberaldemocratiche e comunque aprivano tutta una serie di problemi nuovi, da quelli contenutistici a quelli della stessa idoneità di un testo costituzionale, a riuscire a dettare una disciplina necessariamente essenziale e al tempo stesso non pericolosamente interpretabile. Il punto di arrivo del dibattito costituente rappresenta, in buona sostanza, una svolta notevole rispetto alle esperienze giuridiche precedenti... La legge 47/48 costituisce un testo normativo comunque importante e tale da permettere infine un esercizio libero della attività di stampa... La libertà di stampare, diffondere e vendere viene tutelata anche sul piano penale... Manca, in altre parole, ogni politica legislativa in tema di stampa, ma questo vuoto viene riempito dalla massima libertà che si lascia alle forze economiche e sociali ivi operanti».[20]

Nel 1948 non entra in vigore solo la nostra Costituzione, ma anche la Dichiarazione universale dei diritti dell'uomo che enuncia la libertà di espressione del pensiero, ma anche un concetto nuovo destinato ad essere al centro di un dibattito lungo, ma fruttuoso: il diritto all'informazione.

Le elezioni del 1948 mettono in evidenza l'uso indiscriminato e falso della stampa per fini politici. Da una parte ci sono le ingenti truppe di centro-destra affiancate dalla Chiesa e dall'altra il Fronte popolare. Lo scontro è impari dato che i primi hanno anche il controllo totale della radio. Il fronte cosiddetto moderato vince le elezioni e comincia subito un lavoro sotterraneo e in qualche caso sporco per porre la maggior parte dei mezzi di informazione sotto la sua ala. In un rapporto del 1955 elaborato dall'Institut International de la Presse di Londra si legge: «In Italia la situazione politica molto polarizzata ha ripercussioni sul lavoro delle redazioni dei giornali. Nella lotta contro il partito comunista più forte dell'Europa occidentale, il governo ha finito per prendere misure che possono minacciare la stampa».[21]

I giornali del periodo sono molto spenti e dato che regna l'omogeneità politica, la concorrenza tra i quotidiani non è sulle notizie bensì sulle firme. Non ci sono idee, non c'è voglia di spendere soldi per investire in cose nuove e in tecnologie. Ma è comprensibile: gli editori non hanno comprato i giornali per creare delle aziende, ma solo per sfruttarne le potenzialità a livello politico.

Tale situazione viene denunciata in un editoriale firmato da Benso Fini e apparso sulla prima pagina del Corriere Lombardo del 23 novembre 1948: «Ripetiamo quel che abbiamo già scritto tempo fa: non può esservi vera libertà di stampa se mancano le condizioni necessarie per l'indipendenza economica dei giornali, se la possibilità di tenere in vita un quotidiano è riservata soltanto a quelle aziende editoriali che possono contare su tirature e su cifre di pubblicità difficilmente raggiungibili per la maggior parte dei giornali italiani... Il Governo, che pur si professa ligio alla democrazia ed alla libertà di stampa, è stranamente insensibile ai problemi da cui dipende la possibilità di vita dei quotidiani; esso mostra di dimenticare che il costume civile e politico di un paese si misura anche dal numero dei giornali che in esso vengono pubblicati. Il Governo non capisce o finge di non capire forse perché nel suo seno o vicino a lui, qualche Machiavelli ritiene che la scomparsa di numerosi giornali a profitto delle aspirazioni monopolistiche di alcuni altri, giudicati sicuri o manovrabili, giovi alla politica del partito al potere. Calcolo, oltre a tutto, puerile».[22]

Lo stesso giornalista, alcuni giorni prima aveva scritto: «Il costume italiano si eleverà quando anche da noi, come negli altri grandi paesi democratici, accanto ai giornali politici interpreti di tutte le idee e di tutte le tendenze, prospereranno numerosi i giornali non legati ad alcun partito, fatti unicamente per il pubblico e nel modo che il pubblico più gradisce. Soltanto allora avrà un senso l'articolo della Costituzione che sancisce la libertà di stampa».

Chi mette a frutto questa situazione sono i settimanali che grazie alla ricchezza di idee favoriscono il loro boom. Mentre i periodici fanno giornalismo 'vero', quello dei quotidiani è molto conformista.

1.17 L'avvento della televisione

Occorreva un evento esplosivo per permettere alla stampa italiana di uscire dalla situazione paludosa nella quale era stata immobilizzata. E di eventi se ne verificano due: la nascita del Giorno di proprietà dell'Eni e l'avvento della tv.

Negli anni 50 si assiste a una sorta di regresso della stampa italiana. Un quadro della situazione compare sul Mondo nel maggio del 1954 nel quale si legge dell'esistenza di «un clima di faciloneria e di malafede, di accuse gratuite e di insulti volgari, di piccoli mercati e di grosse mistificazioni», ma nell'articolo si legge anche che «la moda del giornalismo libellistico lanciata dalla stampa semiclandestina del neofascismo si è estesa a settimanali e quotidiani. Dove non si osa seguire questi pionieri ci si rifugia nel conformismo, si moltiplicano le manifestazioni di zelo, si fa tacere ogni tentativo di spregiudicatezza».[23]

Nel 1956, il presidente dell'Eni, Enrico Mattei, avverte la necessità di un suo strumento di informazione che gli permetta di mettere in atto la sua strategia imprenditoriale e che lo ponga su un piano di parità con gli altri industriali suoi concorrenti che un giornale ce l'hanno già e che sono contrari all'intervento dello Stato in economia. Il giornale si presenta foriero di novità: prima pagina vetrina, titoli e notizie di varietà, inchieste, cinema, televisione, sport, economia e finanza.

Alla vigilia delle prime trasmissioni televisive, la radio va molto bene e gli abbonati superano i quattro milioni anche se l'aspetto giornalistico del mezzo è soffocato dall'ufficialità e dal controllo governativo. L'inizio ufficiale delle trasmissioni tv è datato 3 gennaio 1954. Il primo messaggio ad arrivare è quello del Papa Pio XII. Il suo è un invito affinché la televisione venga usata per educare ed elevare moralmente il popolo. Tante le norme che limitano il mezzo: non si può parlare di divorzio o prostituzione, l'adulterio va messo in cattiva luce e vanno condannati i disordini pubblici. Ben presto si comincia con il telegiornale, ma è come se non ci fosse. Non parla di cronaca e di vicende giudiziarie ed è parziale e fazioso sugli argomenti politici. L'unica peculiarità è il merito di essere seguito da chi non ha mai letto un quotidiano, ma non offre una bella reputazione del settore. Nel 1961 nasce la seconda rete e ben presto arrivano anche i collegamenti via satellite grazie ai quali è possibile assistere in diretta allo sbarco dell'uomo sulla luna. È la mattina del 21 luglio 1969.

La carta stampata perde il ruolo primario a vantaggio di radio e tv che sono più tempestivi nel dare le notizie. Per uscire da questa situazione occorre inventare qualcosa di nuovo. Finalmente c'è il risveglio dal lungo torpore. Mentre in Italia si discute su come uscire dalla crisi, in Giappone e in Urss la via è già stata trovata e la si percorre da qualche anno. Si fa ampio uso del computer e viene usata la teletrasmissione in facsimile che permette al giornale di giungere molto prima nei più remoti angoli della terra. Insomma, la tecnologia giunge in aiuto della carta stampata.

In Italia si assiste periodicamente a dibattiti sulla libertà della stampa. Un argomento che coinvolge numerose voci. Molti giornalisti denunciano l'autoritarismo delle redazioni che soffoca idee e iniziative e Civiltà cattolica, rivista dei Gesuiti, nel chiedersi dov'è la stampa libera, scrive che «tutti i grandi organi di informazione sono in Italia al servizio di colui o di coloro che li pagano, sono la "voce del padrone", sia questo il potere politico o il potere economico. Solo a queste condizioni essi possono vivere. Il governo non deve pretendere di essere servito in cambio di appoggi finanziari».[24]

La situazione viene denunciata sull'Europeo - contraddizione della vita - anche da un giornalista che per avversione ideologica verso il comunismo era stato un sostenitore della dittatura fascista, Indro Montanelli che scrive: «In Italia la libertà c'è, quella che non c'è è l'abitudine a usarla. La maggior parte dei giornalisti, quando compone un articolo, lo fa interrogando la censura che ha in corpo da secoli e di cui non riesce più a fare a meno».[25]

Per affrontare la concorrenza si fanno ingenti investimenti che la tiratura e gli introiti pubblicitari riescono a coprire solo in parte. La stampa è di nuovo in rosso e questa situazione favorisce le concentrazioni dei periodici nelle mani di pochi facoltosi industriali che li acquistano non nell'ottica di rilanciarli bensì con l'idea di utilizzarli come merce di scambio politico e per assecondare le proprie iniziative.

Nel 1963 nasce l'Ordine dei giornalisti. La legge che lo istituisce, la numero 69, fissa i punti cardine alla base della professione: «La funzione di interesse pubblico assolta dai giornalisti in una società democratica; la necessità di assicurare il possesso da parte di coloro che questa funzione esercitano professionalmente di requisiti idonei a garantire capacità e qualità professionali e morali».[26]

Ma la legge - compresa la 47/48 - andrebbe aggiornata per tenere conto delle innovazioni tecnologiche di questi anni. Al proposito il De Siervo scrive: «Le trasformazioni tecnologiche e l'affermarsi di tanti nuovi mezzi di comunicazione tendono a produrre nuove professionalità ed anche nuovi strumenti informativi che con sempre maggiore fatica appaiono compatibili con le prescrizioni della legge 69».[27]

1.18 Gli anni 70

Siamo in uno dei periodi più movimentati della storia repubblicana. Il decennio si apre con la strage alla banca dell'agricoltura di Milano in piazza Fontana del 12 dicembre 1969 e prima di questa c'era stata la strage di Portella delle Ginestre. A queste molte altre ne seguiranno (Piazza della Loggia a Brescia, il treno Italicus, stazione di Bologna) e si parlerà di strategia della tensione.

In questi anni non è in subbuglio solo il Paese, ma anche la stampa. Nel 1970 i nuovi vertici della Fnsi chiedono l'autonomia professionale, la completezza dell'informazione e un'organizzazione collegiale del lavoro redazionale che dia più potere ai giornalisti. Inizia la stagione dei profondi cambiamenti. La prima tappa è la comparsa dei quotidiani della sinistra extraparlamentare, ossia di gruppi che si ispirano alla sinistra ma che non si sentono da questa rappresentati. Il primo foglio è il manifesto che esce a Roma nell'aprile del 1971. Nel '72 viene pubblicato Lotta continua da parte dell'omonimo gruppo. Infine, nel 1974, il Quotidiano dei lavoratori espressione di Avanguardia operaia.

La seconda è caratterizzata dalle prime inchieste giornalistiche che sono vere e proprie denunce del malgoverno, di scandali e delle arretratezze del sistema sociale. I giornali cominciano a riprendersi e insieme a loro anche i rotocalchi che in questi anni superano i quattro milioni di copie. Pagina nera per i telegiornali strettamente dominati e controllati dalle forze politiche al governo.

Il 15 ottobre 1972 Piero Ottone esordisce come direttore del Corriere della Sera e nel fondo intitolato Non nascondere nulla scrive: «Se perfino in Inghilterra qualcuno, ormai, osa lanciare rozzi attacchi alla libertà di stampa, viene spontaneo domandarsi che cosa può accadere in paesi dove le tradizioni liberali e democratiche sono molto più recenti e tutt'altro che salde, dove più basso è il livello culturale e più scarso il numero dei lettori, dove gli uomini politici sono più portati a considerare libera solo la stampa amica, dove la televisione è un monopolio gestito con mezzi sempre più disinvolti e dove ormai si contano sulle dita i giornali veramente indipendenti, cioè affrancati dalla tutela dei partiti politici o di gruppi economici che li finanziano a fini politici... In Italia appena si sfiorano certi argomenti, tutti vi guardano con un sorriso di compatimento, o peggio ancora con un sorriso ambiguo, considerandovi uno sciocco o un ipocrita. Ma a costo di restare i soli sciocchi in un paese di furbi, crediamo che sia giunto il momento di reagire a queste generalizzazioni fatue... Una cosa è selezionare i fatti, filtrarli, secondo le preferenze politiche, e ben altro è dimenticare, dinanzi alla pagina bianca, simpatie e antipatie, e cercare di raccontare tutto senza nascondere nulla... Non crediamo neppure che il principale compito di un quotidiano sia quello di "fare opinione"... È nostra ferma opinione che un quotidiano, anche attraverso i suoi editoriali, non debba proporsi di cambiare la testa dei suoi lettori, ma tutt'al più di aiutare gli stessi lettori a ragionare con la loro testa... Ci proponiamo di spiegare ai lettori ciò che dicono e ciò che pensano gli uomini politici (e non sempre è facile) e di spiegare ai politici ciò che pensano i nostri lettori... Ci proponiamo di non nascondere nulla, sapendo che un giornalista non deve mai tacere quello che sa, neppure a fin di bene...».[28]

In questi anni aumenta l'indipendenza del giornalismo, ma aumentano anche il suo coinvolgimento politico-ideologico e i suoi debiti. E dato che alle forze politiche i mass media interessano per i loro scopi, viene approvata rapidamente una legge che prevede l'aumento dei finanziamenti pubblici. Da notare la finezza della mossa. Vengono dati dei soldi, ossia si ricorre ad un provvedimento tampone e non si pensa minimamente ad approvare riforme strutturali che diano al sistema dell'informazione la possibilità di raggiungere la piena autonomia e una garanzia di stabilità. Il perché è presto detto. Senza riforma prima o poi la crisi si riaffaccerà e i giornali dovranno nuovamente bussare a denari. In questo modo il settore vive con una spada di Damocle pendente sul suo capo. Per il potere è un'ottima contropartita da utilizzare nel sottile e taciuto gioco dei ricatti da sempre in atto tra editori e mondo politico.

Sulla legge 172 del 6 giugno 1975 che si proponeva di portare novità importanti nel settore, il De Siervo scrive: «Legge particolarmente deludente rispetto alle tante proposte ormai da più parti avanzate di affrontare l'intero arco dei problemi della stampa quotidiana e periodica, perché ancora un provvedimento fondamentalmente soltanto di sostegno economico anche se assai più organico che in precedenza».[29]

In un contesto di grandi eventi, la gente è interessata a sapere, ad informarsi e i mass media hanno l'occasione per ampliare il loro mercato.Gli anni 70, dicevamo, sono cominciati con la strage di piazza Fontana del 12 dicembre 1969 e continuano con il loro indigesto menu composto dalle stragi figlie della strategia della tensione e dagli attentati delle Brigate Rosse (Br). Il paese, insomma, è tra due fuochi: da una parte le stragi nere in collaborazione con i servizi segreti e dall'altra quelle rosse per opera del gruppo fondato da Renato Curcio. All'inizio le Br si limitano a sequestrare personaggi di alto rango con simpatie di destra e a pubblicare un mensile fiancheggiatore - Controinformazione - sul quale compaiono i comunicati e gli interrogatori ai quali vengono sottoposti i sequestrati.

Ma a partire dalla seconda metà degli anni 70 cominciano a sparare e prendono di mira anche i giornalisti perché i giornali sono un'ottima cassa di risonanza per il loro movimento. Con il sequestro Moro, alla vigilia del primo governo di centrosinistra della storia frutto del Compromesso storico nel 1978, per i giornali arriva il tempo delle scelte: informare i cittadini di quanto sta accadendo pubblicando i bollettini delle Br o imporre il black out per evitare il ruolo di casse di risonanza del movimento terroristico? La categoria resta divisa.

In questi anni non c'è solo il terrorismo. Il 1971 vede la nascita della prima tv via cavo, Telebiella e tre anni più tardi comincia la sua avventura Silvio Berlusconi che di mestiere fa il costruttore. Nel frattempo qualcosa si muove anche in Rai. La Dc deve rinunciare al suo monopolio e accettare la lottizzazione dell'ente di stato: una rete ad ogni partito importante del quadro istituzionale (Dc, Pci, Psi). Una sentenza della Corte Costituzionale del 1976 riconosce la libertà di antenna in ambito locale e le emittenti televisive e radiofoniche spuntano come funghi nella completa assenza di regole. Nel 1977 iniziano le trasmissioni a colori e nel 1979 nasce la terza rete.

1.19 L'era della televisione commerciale

Siamo agli albori degli anni 80. Silvio Berlusconi crea Canale 5, Rusconi Rete 4 e la Mondadori Italia 1. Nel 1984 le tre reti diventano di proprietà di Berlusconi. Non esiste ancora la diretta e per questo le tv commerciali investono molte risorse nell'intrattenimento riuscendo a catalizzare l'attenzione del 97 per cento del pubblico. A questo tipo di programmazione si adegua molto presto anche la Rai che fino a quel momento aveva offerto ai telespettatori solo programmi di informazione. Se non altro si muove qualcosa via etere.

Ma la tv commerciale ha il suo impatto anche sulla carta stampata che presto si vede portare via ingenti risorse pubblicitarie. Per i giornali è giunta l'ora di trovare un'altra soluzione per evitare la crisi. Il primo passo consiste negli investimenti tecnologici. Il computer e i primi sistemi editoriali integrati fanno capolino nelle redazioni e le macchine per scrivere vengono riposte negli scantinati. Grazie a queste innovazioni è più facile e più veloce stampare i giornali e in più si abbattono i costi.

Col pc passa anche il tempo della stampa a caldo con le linotype e si passa alla fotocomposizione, alla stampa a freddo. Da qualche anno (1973) si è diffusa la teletrasmissione in facsimile abbondantemente impiegata in Giappone e Urss e la distribuzione dei giornali è capillare e tempestiva. Il 1981 vede l'approvazione della legge 416 che ha come intento quello di favorire la ristrutturazione e l'ammodernamento del settore. Ovviamente alcuni partiti non la vogliono perché assenza di una riforma significa giornali potenzialmente in crisi e quindi dipendenti e facilmente controllabili. Alla fine la legge passa.

Vengono fissati dei limiti alla concentrazione delle proprietà; viene imposta la trasparenza della proprietà, dei finanziamenti e dei trasferimenti di aziende e testate; non si parla degli incroci tra tv e giornali; vengono concessi dei contributi per favorire l'innovazione tecnologica e per attutirne i contraccolpi sociali in termini di posti di lavoro vengono predisposti degli ammortizzatori come la cassa integrazione.

«Il notevole ritardo con il quale si interviene in Italia rispetto ad analoghe esperienze di paesi liberaldemocratici - spiega De Siervo - l'intervenuta forte presenza di grandi gruppi economico-finanziari nella proprietà dei maggiori gruppi editoriali e delle concessionarie di pubblicità e l'assenza di una previa generale legislazione antimonopolistica, rendono difficile una legislazione efficace che garantisca una piena trasparenza del settore, il rispetto delle disposizioni antimonopolistiche ed un sistema di sostegno economico tale da aiutare maggiormente la stampa più debole... Pur in queste premesse non può certo negarsi che la 416 sia una legge molto innovativa, perché infine organica nella considerazione delle diverse attività imprenditoriali e professionali legate al fenomeno editoriale... Sta ad indicare la presa di consapevolezza a livello parlamentare della diffusione nell'intero corpo sociale dell'interesse ad un maggiore ed effettivo pluralismo nel settore editoriale».[30]

Se il problema della libertà in qualche modo è passato in secondo piano, ora c'è da contenere la concorrenza delle tv commerciali che stanno assorbendo le risorse pubblicitarie. Su questo già nel luglio 1974 era intervenuta la stessa Corte Costituzionale con la sentenza 225 auspicando «una legge che limiti l'affollamento pubblicitario per evitare che la radiotelevisione, inaridendo una tradizionale e importante fonte di finanziamento della libera stampa, possa arrecare pregiudizio ad una libertà che la Costituzione fa oggetto di energica tutela».[31] Questa necessità va a garanzia dell'autonomia degli imprenditori che operano nel settore e di riflesso della libertà di espressione del pensiero di coloro che scrivono.

Nel 1984 una ricerca del Censis elenca i sei difetti della stampa italiana: incompletezza, faziosità, superficialità, imprecisione, sensazionalismo ed eccessi di personalizzazione. Non avremmo timore di essere smentiti se dicessimo che a distanza di 16 anni quei vizi ci sono ancora. Negli anni 80 si assiste a un marcato intervento della magistratura nel settore, da molti interpretato come un rigurgito repressivo. Ma il conflitto maggiore tra giornalisti e magistrati si ha sul segreto professionale. Da una parte il codice che non indica i giornalisti tra le persone che sono tenute a tale segreto e dall'altra la legge del 1963 che invece lo prevede.

La Corte Costituzionale si è pronunciata sul caso lasciando intendere la necessità di una legge che tuteli tale diritto anche per la categoria dei giornalisti. Questa esigenza è stata colta dal legislatore e messa in pratica nel 1988 nel corso della riscrittura del codice di procedura penale. L'articolo 200 riconosce ai giornalisti professionisti iscritti all'Albo la facoltà di astenersi dal deporre in qualità di testimoni su fatti conosciuti nell'esercizio della professione e soprattutto di non rilevare i nomi delle persone dalle quali hanno avuto notizie di carattere fiduciario. Tuttavia, per esigenze di giustizia, tale diritto può venire meno anche se la Corte dei diritti dell'uomo di Strasburgo vi ha posto delle necessarie limitazioni.

1.20 Gli anni 90

Sono gli anni della radicalizzazione dello scontro tra il polo televisivo privato (Mediaset, già Fininvest) e quello pubblico (Rai) che si combatte a suon di miliardi, programmi di varietà - anche di dubbia qualità - e percentuali di audience. Un punto percentuale in più o in meno significa un passaggio di miliardi in pubblicità da una rete all'altra. In questa lotta a rimetterci è la carta stampata che vede ridursi le risorse a sua disposizione a vantaggio del mezzo televisivo che con i suoi telegiornali riesce a raggiungere otto milioni di telespettatori.

In questo quadro sono quattro gli eventi che prendono corpo. Il primo si ha all'inizio del decennio e riguarda una vera e propria guerra che si disputa in tribunale. È il cosiddetto Lodo Mondadori che vede come protagonisti Carlo De Benedetti (patron della Olivetti) e Silvio Berlusconi (padrone indiscusso di Mediaset). In Italia i gruppi editoriali importanti sono appena tre: la Rizzoli-Corriere della Sera (Rcs), la Mondadori e Repubblica-L'Espresso. Nel 1989 De Benedetti, Scalfari e Caracciolo, proprietari di Repubblica-L'Espresso, si alleano con Leonardo Mondadori e Luca Formenton e creano la Grande Mondadori che ha tra gli azionisti anche Berlusconi.

All'inizio il consiglio di amministrazione vede Carlo Caracciolo presidente e Luca Formenton suo vice. In consiglio entra anche Eugenio Scalfari, fondatore del quotidiano. La casa editrice, con questo assetto, è nelle mani di imprenditori di idee progressiste e a Berlusconi, legato al Caf di Craxi, Andreotti e Forlani non può andare bene. È l'inizio della "guerra di Segrate" o (in linguaggio giuridico) del Lodo Mondadori. La Famiglia Formenton, che possiede parte delle azioni ed è rappresentata da Luca, si sente in posizione subalterna e, lusingata dalle avance di Berlusconi, decide di vendere a lui le sue quote. È il dicembre del 1989.

Alla fine, attraverso il patrocinio del presidente del Consiglio Giulio Andreotti e la mediazione del suo uomo di fiducia Giuseppe Ciarrapico, la guerra si conclude - il 30 aprile 1991 - con la divisione della Grande Mondadori. A Berlusconi va l'attuale Mondadori, ossia la casa editrice più Panorama, mentre a De Benedetti, Caracciolo e Scalfari resta il gruppo Repubblica-L'Espresso.

Ma mentre la guerra per il controllo della Mondadori imperversa, un altro evento interessa il mondo editoriale. Il 6 agosto 1990, alla vigilia della chiusura per le ferie estive, il Parlamento approva la legge Mammì (la 223/90) che dovrebbe portare ordine nel far west dell'etere. Il primo punto fermo è la normativa antitrust che di fatto ratifica l'esistente duopolio Rai-Fininvest e l'obbligo per quest'ultima di dotarsi di una struttura giornalistica. Proprio in virtù del dettato di questa legge, Silvio Berlusconi è costretto a cedere la proprietà del Giornale a suo fratello Paolo per rispettare i limiti di concentrazione.

Nel 1992 un evento giudiziario, Tangentopoli, ha effetti liberatori anche per la stampa. Succede che nel febbraio di quell'anno un imprenditore milanese denuncia alla procura del capoluogo lombardo di essere stato costretto a pagare una tangente di sette milioni al direttore socialista dell'ospizio Pio albergo trivulzio, Mario Chiesa. È il fatto che permetterà di scoperchiare il pentolone del malaffare che da molti anni domina il quadro politico-imprenditoriale italiano. Per la stampa comincia davvero l'era della libertà anche se non mancheranno gli eccessi.

La cappa politica che da sempre tiene sotto scacco il mondo editoriale viene meno, la legge diventa davvero uguale per tutti - nelle aule giudiziarie del tribunale milanese vanno sul banco degli imputati personaggi che fino ad allora erano parsi (e si erano comportati come fossero) al di sopra della stessa - e i giornali di colpo si sentono liberi di poter criticare chiunque e di poter finalmente dire tutto senza sotterfugi. Un esempio è L'Indipendente, un giornale fondato proprio in quegli anni nella città meneghina dall'abile polemista Vittorio Feltri. Ovviamente ci sono stati (e tuttora ci sono) esempi di cattivo uso di tale libertà ed è proprio da allora che si assiste a un pessimo modo di fare giornalismo: gridato, fazioso, tendenzioso e qualche volta anche rasente il falso.

L'ultimo fatto che scuote l'intero settore è l'avvento di Internet agli albori degli anni 90. Per la carta stampata si apre nuovamente il periodo delle grandi decisioni per affrontare la concorrenza. La prima mossa della categoria è stata quella di interrogarsi sul perché i lettori si siano disaffezionati ai giornali. La risposta è stata la mancanza di credibilità degli stessi. Da qui è derivata la necessità di richiamarsi ai doveri deontologici che sono alla base della professione. In sintonia con la legge istitutiva dell'Ordine (69/63), nel 1993 è stata scritta la Carta dei doveri. Da allora anche i singoli Ordini regionali, svegliandosi da un lungo torpore, sono diventati più attivi nel controllo dei loro iscritti e nella sanzione di eventuali abusi. Quello che è stato fatto finora, però, è ancora troppo poco. L'Ordine dei giornalisti, da più parti attaccato e criticato, non pare limitare la libertà di espressione del pensiero. Sui giornali, infatti, non scrivono solo coloro che sono iscritti all'Albo, ma possono farlo tutti. Non a caso occorre vantare una collaborazione almeno biennale con un organo di informazione per potersi iscrivere. Semmai è criticabile un organismo che, preposto a vigilare sulla tutela della correttezza dell'informazione, fa molto poco per garantirla.

Dopo tante trasformazioni intervenute a livello legislativo, il settore giornalistico deve mantenere vigile la sua attenzione per cogliere gli eventuali pericoli che la libertà della stampa può correre nella attuale situazione giuridica e di fatto. Molti dei limiti derivanti a tale libertà dal potere politico appaiono diminuiti o grazie alla scomparsa di tante fattispecie penali molto restrittive del dissenso politico e sociale e/o per la loro rilettura alla luce dei nuovi valori costituzionali. L'attenzione va rivolta al continuo mutamento delle politiche di sostegno al settore che spesso hanno il sentore di voler conseguire più obiettivi politici che aiutare le aziende editoriali davvero bisognose. Ma allo stesso tempo vanno adottati, da parte degli organi professionalmente competenti, strumenti efficaci a tutela di fondamentali diritti umani violati da usi scorretti e spregiudicati della libertà di stampa.

Note capitolo 1
1 Si tratta di un bando del 1691 nel quale papa Clemente XI usa parole denigratorie per definire coloro che scrivono sui giornali
2 P. Murialdi, Storia del giornalismo italiano, Bologna, Il Mulino, 1996, pag. 39

3 R. Lefevre, L'editto albertino sulla stampa del 1848 in Saggi e studi di pubblicicistica, I, III e IV serie, Roma, Istituto italiano di pubblicismo, pag. 139

4 U. De Siervo, Enciclopedia del diritto, vol. XLIII, pag. 581

5 G. Lazzaro, La libertà di stampa in Italia dall'Editto albertino alle norme vigenti, Milano, Mursia, 1969, pag. 25

6 P. Murialdi, op. cit., pag. 64

7 P. Murialdi, op. cit., pag. 90

8 A. Viali, G. Faustini, La professione di giornalista e il suo ordinamento, Roma, Centro di Documentazione Giornalistica, 1992, pag. 21

9 G. Carcano, Il fascismo e la stampa, Torino, Ugo Guanda Editore, 1984, pag. 26

10 M. Borsa, La libertà di stampa, Milano, Corbaccio, 1925, pag. 4

11 G. Carcano, op. cit., pag. 44

12 P. Murialdi, op. cit., pag. 129

13 P. Murialdi, op. cit., pag. 59 e ss.

14 G. Lazzaro, op. cit.,pag. 132

15 P. Murialdi, op. cit., pag. 114

16 R. De Felice, Mussolini il duce, in Mussolini, Torino, Einaudi, 1974, pag. 266

17 G. Bocca, la Repubblica del 19 luglio 2000, pag. 38

18 E. Mannucci, I giornali non sono scarpe, Milano, Baldini&Castoldi, pag. 83

19 Prima pagina del Corriere Lombardo dell'8 novembre 1948

20 U. De Siervo, op. cit., pag. 586 e ss.

21 P. Murialdi, op. cit., pag. 236

22 Prima pagina del Corriere Lombardo del 23 novembre 1948

23 P. Murialdi, op. cit., pag. 219

24 Rivista Civiltà cattolica del 3 dicembre 1966

25 P. Murialdi, op. cit., pag. 228

26 A. Viali, G. Faustini, op. cit., pag. 20

27 U. De Siervo, op. cit., pag. 594

28 Prima pagina del Corriere della Sera del 15 marzo 1972

29 U. De Siervo, op. cit., pag. 590-591

30 U. De Siervo, op. cit., pag. 590-591

31 Giurisprudenza Costituzionale, pag. 1175

Capitolo II
Libertà, informazione e democrazia

2.1 Il concetto di libertà

È libero colui che può agire e operare senza costrizioni. Ma libertà significa anche rispetto del prossimo. Si è liberi, infatti, solo finché non si calpesta la libertà altrui. Libertà vuol dire anche garanzia del cittadino nei confronti dei pubblici poteri. È il 1789 quando il popolo decide di emanciparsi dal potere e dai soprusi monarchici e opta per la libertà, l'uguaglianza e la fraternità. È il motto della Rivoluzione francese, antesignano della democrazia. Libertà rispetto al potere che va esercitato su mandato del popolo, ma anche rispetto agli altri. Libertà di fare quello che si vuole nei limiti imposti dall'uguaglianza. Tutti gli uomini sono uguali: hanno gli stessi diritti, ma anche gli stessi doveri.

Al di là delle Alpi, nella Francia rivoluzionaria, la libertà diventa diritto a riconoscere pienamente la personalità umana. Diritto che dal XVIII secolo in poi sarà alla base di qualsiasi costituzione e ordinamento liberal-democratici. L'emancipazione dal potere è concepita come assenza di limiti e costrizioni illegali, ma non sempre è facile determinare con esattezza il confine tra lecito e illecito. Concetti, quello di illecito e lecito, che vale anche per l'informazione. Sarebbe importante, infatti, scrive il Vercellone, «stabilire se illecito sia addirittura il dare comunque notizie inesatte; o se almeno si richieda che l'informatore sia in colpa nel fornire la notizia che egli crede esatta; o se, andando più in là, si debba ritenere vietato solo il fornire ad altri dati che si sa non corrispondere al vero; o, infine, se invece occorra, perché si possa parlare di illecito, una azione maliziosa ove l'inesatta informazione sia data proprio al fine di dirigere la volontà altrui in un senso piuttosto che in un altro».[1] Il Fois distingue tra libertà come situazione e libertà come comportamento. E da questa distinzione ricava la convinzione che l'effettivo godimento delle libertà pone all'autorità il problema di regolamentare la convivenza.

Il principio di libertà è un postulato per la costruzione di un mondo morale. Solo in una realtà opposta può essere negato il principio della libera determinazione del soggetto. Nel mondo antico è libero l'uomo in quanto cittadino e non straniero o schiavo, ma a partire dal Sofismo (sviluppatosi in Grecia verso la metà del V secolo a. C.) si cerca una relazione tra libertà e morale. Nasce così il principio che è libero chi sa, perché solo la conoscenza permette di capire i fattori o gli elementi che determinano l'azione guidata dalla volontà.

2.2 Un concetto ampio

La libertà è un concetto ampio e presenta molteplici sfaccettature. Può essere di culto, di parola, di associazione, di coscienza, di riunione, di stampa, di iniziativa, di religione. E ci sono anche le libertà politiche, giuridiche, economiche. Il loro riconoscimento garantisce l'evoluzione del diritto e delle istituzioni e quindi lo sviluppo della personalità umana.

La libertà è sempre un fine, mai un fatto. Per questo si lotta quando ci sono degli ostacoli che ne impediscono il responsabile godimento. Queste libertà operano come diritti civili e il loro riconoscimento nelle dichiarazioni e nelle costituzioni è la tappa più importante del progresso sociale, politico e giuridico. Perché con il riconoscimento questi diritti diventano garanzia della partecipazione del singolo alla vita politica del suo paese. La loro proclamazione costituzionale garantisce la sfera di autodeterminazione individuale di fronte al potere e all'intera collettività e una migliore difesa contro chi tenta di annullarli. Tale proclamazione è ancora più importante qualora il rapporto tra individuo e Stato venga considerato nell'ambito di un ordinamento non omogeneo come è il nostro. Un ordinamento, cioè, che è espressione di una società nella quale le varie forze politiche sono le une con le altre radicalmente contrapposte. Inoltre li trasforma in diritti soggettivi di natura costituzionale dando loro la facoltà di essere annullati soltanto da un uso irresponsabile. La loro formulazione e affermazione comincia con la Riforma, prosegue con l'Illuminismo e con la Rivoluzione francese e sfocia nei grandi movimenti di massa che hanno caratterizzato sia l'America che l'Europa perché i diritti di libertà rappresentano il punto di arrivo di una rivoluzione compiuta.

2.3 Libertà di informazione e di stampa

Anche se dal dettato costituzionale non si evince esplicitamente, nel linguaggio comune e anche in dottrina, nel corso degli anni, c'è stata una sorta di osmosi. Stampa - intesa come sistema dei mass media - è divenuta sinonimo di informazione e la sua evoluzione ha segnato quella dell'espressione del pensiero. Ma è corretto parlare di osmosi tra stampa e informazione? A noi - e non solo - pare di sì e per spiegarlo basta partire da una constatazione. Il pensiero assume valore giuridico solo quando viene manifestato e perché ciò avvenga è necessario il mezzo. Anche la parola e i gesti, il cinema e le riunioni, così come la radio, la tv, la carta stampata e Internet, sono un mezzo di comunicazione del pensiero. Il pensiero, quindi, diventa manifesto grazie ai mass media oggi comunemente indicati con il termine generico di stampa. Quando l'articolo 21 della Costituzione afferma che tutti hanno diritto di manifestare il proprio pensiero riconosce inevitabilmente l'importanza, il valore e il ruolo dei mezzi di comunicazione e - quindi - la loro osmosi con pensiero e informazione. Barile al proposito parla di endiadi. L'autore riconosce che manifestazione e divulgazione non sono che due facce della stessa medaglia e conseguentemente ritiene coperte dalla stessa garanzia costituzionale manifestazione e diffusione del pensiero.[2]

«Dal punto di vista giuridico - chiarisce il Fois - sarebbe meglio tenere distinti i due aspetti anche al fine di precisare il rapporto che fra essi intercorre e di valutare le conseguenze che da tale rapporto derivano... Ma non si può non ricordare che la libertà di pensiero tutelata dalla nostra Costituzione deve essere considerata sempre in quanto rivolta ad altri soggetti», ossia manifestata, espressa.[3]

In passato libertà di parola significava poter scrivere e parlare di politica e non solo di cultura come veniva imposto con le gazzette privilegiate. E ai giorni nostri dire libertà di stampa o libertà di informazione o libertà di manifestazione del pensiero ha lo stesso valore. «Non si tratta di due diverse libertà, ma della stessa libertà - afferma Delitala - che la Costituzione considera prima nel suo aspetto sostanziale e poi in quello strumentale quando garantisce che la stampa, tipico mezzo di espressione e di diffusione del pensiero, non può essere soggetta ad autorizzazioni o censure». Alla stessa conclusione è arrivato anche il Crisafulli: «La formula 'libertà dell'informazionÈ è venuta in larga misura a prendere il posto delle formule ottocentesche (cui quasi sempre, peraltro, le Costituzioni, e le legislazioni sono rimaste fedeli) della 'libertà di opinione' o della 'libertà di stampa'. Quest'ultima ellitticamente riassuntiva del mezzo allora storicamente prevalente e di maggiore importanza».[4]

Originariamente informazione stava per «mettere in forma» o «dare forma». Nel linguaggio comune «mettere in forma» è subordinato all'atto dell'informare. Nel corso dei secoli, sulla scia degli eventi che hanno caratterizzato il passaggio dell'uomo e della società dalla tirannia e dalla sopraffazione alla libertà e alla democrazia, la stampa ha assunto un ruolo sempre più crescente e centrale. Oggi - con la stampa che si è evoluta fino a diventare sistema dei mass-media - l'informazione non è più solo alla base della sfera politica e culturale, ma da lei prende slancio lo sviluppo di qualsiasi altra attività sociale.

Il corso del tempo ha permesso il passaggio dai caratteri mobili di Johann Gutenberg al villaggio globale di Internet. Tutti cambiamenti che hanno seguito l'evoluzione delle vicende storiche (rivoluzioni, guerre, concessioni, invenzioni) che hanno caratterizzato il nostro mondo.

2.4 Libertà di stampa o della stampa?

Correttezza linguistica vorrebbe che si parlasse di "libertà della stampa" e non di "libertà di stampa". Il linguaggio comune ha adottato la seconda locuzione, ma la differenza - a voler essere pignoli, abbastanza profonda - non sta certo nell'articolo determinativo. Con stampa indichiamo, oggigiorno, l'intero settore giornalistico col quale si identifica maggiormente la libertà di manifestazione del pensiero.

In realtà, preso da solo, indica l'arte tipografica o il derivato di questa. A determinare la sostanziale differenza, quindi, viene in aiuto l'articolo. Se diciamo "libertà di stampa" indichiamo la possibilità di ciascuno di poter stampare e facciamo riferimento solo a un mezzo di comunicazione.

Se, invece, diciamo, "libertà della stampa" intendiamo la libertà di tutti i mezzi di informazione e quindi la mancanza di ostacoli nella possibilità di esprimere il proprio pensiero o le proprie idee con qualsiasi strumento. Noi non saremo pignoli e in questa trattazione continueremo ad usare l'espressione "liberta di stampa" senza dimenticare, però, la correttezza di "libertà della stampa".

2.5 Stampa e democrazia

La genitrice del diritto di manifestare liberamente il pensiero è stata la Gran Bretagna, la sua madre adottiva e altrettanto amorevole è qualsiasi sistema democratico e liberale. Tra stampa e democrazia esiste un rapporto di interdipendenza. La stampa non può esistere senza democrazia e quest'ultima non può esistere né crescere e maturare senza una libera stampa che dia corpo a quello che altrimenti resterebbe solo un precetto teorico, ossia il diritto di manifestare le proprie idee.

Secondo il Loiodice è proprio dalla struttura della libertà d'informazione e dal suo ruolo effettivo che dipende il tipo di opinione pubblica che l'ordinamento consente. Perché sono questi gli elementi giuridici che escludono o attenuano la formazione di un'opinione pubblica manipolata. Il livello di democrazia di un paese dipende proprio dalla misura in cui è garantita l'attività informativa.

«Non vi è, si può dire, ordinamento di tipo liberale - scrive Crisafulli - nel quale la libertà di informazione, sotto l'uno o l'altro nome, non sia riconosciuta e garantita come diritto soggettivo individuale al quale corrisponde, secondo la concezione tradizionale, un dovere negativo (di non impedire) dello Stato e di ogni altro soggetto... In un regime democratico, la libertà di espressione può configurarsi (in alcune sue esplicazioni) anche come strumentale rispetto all'esercizio dei diritti».[5]

Allo stesso modo si pronuncia anche il Luciani quando afferma che «la libertà di manifestazione del pensiero e la libertà di informazione vengono collocate non solo tra i valori fondamentali nell'ordinamento, ma anche tra quelli che dell'ordinamento sono fondanti».[6] Con loro è d'accordo anche il Fois.

Democrazia significa letteralmente governo del popolo. Nella realtà la funzione di governo si traduce, però, in una forma di democrazia indiretta meglio indicata con il termine di rappresentativa. Il popolo, quindi, elegge i suoi rappresentanti e delega loro la gestione dei suoi affari e dei suoi interessi. Ma perché il suffragio elettorale sia ben esercitato è necessaria l'informazione. I cittadini devono sapere come operano i loro rappresentanti per decidere poi come comportarsi nell'urna. A questa conoscenza è inevitabilmente delegata la stampa. Da questo nasce il conseguente connubio tra libertà di stampa e sovranità popolare. Attraverso il potere di controllo e di giudizio della stampa (intesa come qualsiasi mezzo capace di diffondere idee, pensieri e informazioni) l'opinione pubblica viene informata e messa nella condizione di partecipare in maniera attiva e responsabile al governo del proprio paese e di concorrere al suo sviluppo.

La stampa rientra nel più vasto concetto di libertà di manifestazione del pensiero e la sua essenza sta proprio nel diritto di servirsi di lei per manifestare le proprie idee o per informare. Proprio l'osmosi con la manifestazione del pensiero le garantisce la tutela che ogni sistema democratico le riserva. Solo se l'ordinamento fornisce a tutti indistintamente tale libertà, il popolo può conseguire una conoscenza obiettiva da porre a fondamento delle sue opinioni e azioni.

Libertà di stampa, Cile e Bulgaria meglio dell'Italia

Il rapporto di Rsf critico verso la situazione dell'informazione nel nostro Paese

Reporters sans frontières pubblica la prima classifica mondiale della libertà di stampa, dalla quale emerge, in primo luogo, che la libertà di informare e di essere informati è minacciata in ogni angolo del pianeta. Tra i 20 paesi peggio classificati nell'indice stabilito da Reporters sans frontières, troviamo alcuni Stati asiatici, africani, americani e europei. La situazione dell'Asia è particolarmente critica poiché questo continente raggruppa i cinque paesi più liberticidi del mondo: la Corea del Nord, la Cina, la Birmania, il Turkmenistan e il Bhutan. Se si guardano invece i paesi meglio classifificati, ci si può rendere conto che il rispetto della libertà di stampa non è un privilegio di quelli più ricchi. Stati come il Costa Rica o il Benin ci ricordano infatti che l'emergenza di una stampa libera non dipende unicamente dalla situazione economica di un paese.

Per stabilire questo indice, Reporters sans frontières ha chiesto a dei giornalisti, a dei ricercatori o a dei giuristi di rispondere a 50 domande che riguardavano l'insieme delle violazioni alla libertà di stampa (uccisioni o arresti di giornalisti, censura, pressioni, monopolio dello Stato in alcuni settori, sanzioni dei reati a mezzo stampa, legislazione restrittiva per i media, etc). Nel quadro finale di questa classifica vengono presi in considerazione quindi 139 paesi in totale: gli altri sono assenti a causa della mancanza di informazioni affidabili e verificate.

Nei paesi peggio classificati, la libertà di stampa è una parola priva di significato poiché non esistono giornali indipendenti. L'unica voce è quella dei media strettamente controllati e sorvegliati dal governo. I rari giornalisti indipendenti sono costantemente tenuti sotto pressione, messi in carcere o costretti all'esilio. La stampa internazionale è vietata o autorizzata con il contagocce e in tutti i casi sorvegliata a vista.

In testa alla classifica troviamo quattro paesi ex-equo: La Finlandia, l'Islanda, la Norvegia e i Paesi Bassi. Gli Stati scandinavi non solo rispettano scrupolosamente la libertà di stampa nel loro paese, ma testimoniano anche, attraverso le loro prese di posizione, il loro profondo attaccamento alla libertà di informazione anche all'estero, come hanno fatto peraltro recentemente per l'Eritrea o lo Zimbabwe. Il primo paese non europeo in testa alla classifica è il

Canada che occupa così il quinto posto nello speciale indice stabilito da Reporters sans frontières. Paradossalmente, alcuni regimi democraticamente eletti sono classificati negativamente. È il caso della Colombia (al 114° posto) o del Bangladesh, (al 118° posto). In questi paesi, i movimenti armati, le milizie o alcuni partiti politici mettono costantemente in pericolo la sicurezza dei giornalisti. Da parte sua, lo Stato non utilizza tutti i mezzi di cui dispone per proteggere i giornalisti e combattere l'impunità di cui beneficiano troppo spesso i responsabili di queste violenze.

Il Costa Rica meglio degli Stati Uniti

La relativamente cattiva postazione occupata dagli Stati Uniti (al 17° posto dell'indice) è essenzialmente legata al numero di giornalisti messi sotto inchiesta o incarcerati. Gli arresti a danno dei professionisti dell'informazione, sono spesso motivati con il rifiuto del giornalista a rivelare le sue fonti informative davanti ai tribunali. Inoltre, è accaduto che dall'11 settembre 2001 diversi professionisti dell'informazione sono stati arrestati anche solo per aver violato il perimetro di sicurezza di alcuni edifici pubblici.

Il paese sudamericano meglio classificato è invece il Costa Rica, che occupa la 15ma posizione nell'indice stabilito da Reporters sans frontières. Questo Stato si distingue quindi per essere tradizionalmente l'allievo-modello del continente americano in materia di rispetto della libertà di stampa. Nel febbraio 2002 il Costa Rica ha quindi abbandonato il "club" dei 17 paesi americani che continuano a punire con pene carcerarie il reato di "oltraggio" ai funzionari statali. L'assassinio del giornalista Parmenio Medina, consumato nel luglio 2001, si può definire quindi un fatto eccezionale nella storia della stampa del Costa Rica.

Cuba, l'ultima dittatura del continente americano, classificata al 134° posto dell'indice, è l'unico paese della regione dove non esiste di fatto il pluralismo dell'informazione e che continua a incarcerare i giornalisti. Ad Haiti (che occupa il 106mo posto) i giornalisti sono vittime delle violenze compiute dalle milizie regolarmente spalleggiate dal governo.

Una cattiva sorpresa in Europa: l'Italia

Gli Stati europei sono piuttosto ben classificati ad eccezione dell'Italia che occupa il 40° posto nell'Unione dei 15. In questo paese il pluralismo dell'informazione è seriamente minacciato. Il presidente del Consiglio, Silvio Berlusconi, moltiplica le pressioni sulla televisione pubblica mettendo i suoi uomini di fiducia nei posti-chiave dei media di Stato. Inoltre, il presidente del Consiglio, oltre ad esercitare le sue funzioni di capo dell'esecutivo, continua di fatto a essere il gran patron di un potentissimo gruppo multimediale privato. Inoltre, la detenzione a cui è stato sottoposto, per esempio, il giornalista Stefano Surace, condannato per dei reati a mezzo stampa che risalgono a oltre 30 anni fa, oppure la messa sotto sorveglianza di alcuni giornalisti diventati oggetto di numerose perquisizioni, convocazioni giudiziarie e sequestro di materiale a causa delle inchieste che stavano seguendo, spiegano la cattiva posizione occupata dall'Italia.

La Francia (all'11° posto dell'indice) è solo all'ottava posizione tra i paesi dell'Unione europea a causa di alcune inquietanti disposizioni in materia di protezione del segreto professionale e della messa sotto inchiesta di diversi giornalisti nel corso degli ultimi mesi. Tra i paesi candidati a integrare l'Unione europea, la Turchia (al 99mo posto) occupa decisamente una pessima postazione nell'indice stabilito da Reporters sans frontières.

Malgrado gli sforzi compiuti dal governo turco nella prospettiva dell'adesione di questo paese all'Unione europea, sono stati comunque condannati numerosi giornalisti a pene carcerarie e i media sono regolarmente sottoposti a operazioni di censura. Le violazioni alla libertà di stampa sono particolarmente gravi nel sud-est del paese. In altri paesi europei, come la Bielorussia (al 124mo posto), la Russia (al 121mo posto) o altre ex-repubbliche sovietiche, è ancora molto difficile esercitare la professione di giornalista. Diversi professionisti dell'informazione sono stati uccisi o messi in stato di detenzione in questa parte del mondo.

Il giornalista Grigory Pasko, in carcere dal dicembre 2001 nella regione di Vladivostok (Russia), è stato condannato a quattro anni di carcere per aver reso pubbliche delle immagini di "smaltimento" di rifiuti radioattivi liquidi liberamente riversati nel mare del Giappone dalla flotta militare russa.

La situazione in Medio Oriente e l'ambivalenza di Israele

Non figura nessun paese del mondo arabo tra i primi 50 presi in considerazione in questo indice che misura lo stato della libertà di stampa nel mondo. Il Libano arriva solo in 56ma posizione e lo stato della libertà di informazione in questa regione non è affatto incoraggiante. In Irak (al 130mo posto) e in Siria (al 126mo) lo Stato utilizza tutti i mezzi a sua disposizione per controllare la stampa e mettere a tacere le voci dissidenti. Saddam Hussein, in particolare, ha un unico obiettivo per i media del suo paese: farli funzionare come cassa di risonanza della propaganda di regime. In Libia (al 129 posto) e in Tunisia (in 128ma posizione) non è tollerata nessuna critica nei confronti del colonnello Mouammar Kadhafi o del presidente Zine Ben Ali. In seguito all'indebolimento politico subìto dall'Autorità palestinese (82ma in classifica) gli attentati alla libertà di informazione si sono ridotti.

Tuttavia, alcuni media dell'opposizione islamica sono stati chiusi e sono stati compiuti diversi tentativi di intimidazione e di aggressione nei confronti di giornalisti palestinesi e stranieri e tutta una serie di temi continuano a rimanere un argomento-tabù. L'obiettivo è chiaro: presentare al mondo un'immagine unitaria del popolo palestinese e celare le manifestazioni di sostegno agli attentati anti-israeliani. L'attitudine di Israele (92mo in classifica) nei confronti della libertà di stampa è decisamente ambivalente.

Malgrado le forti pressioni esercitate sulla televisione e la radio pubblica, il governo israeliano rispetta formalmente la libertà di espressione dei media del paese. Per contro, in Cisgiordania e a Gaza, Reporters sans frontières ha registrato una serie di violazioni del Patto internazionale, ratificato dallo Stato ebraico, relativo ai diritti civili e politici che garantiscono la libertà di stampa. Dal marzo 2002, data di inizio dell'incursione dell'esercito israeliano nelle città palestinesi, a molti giornalisti è stata vietata la libera circolazione, oppure hanno subìto percosse, minacce, arresti o sono diventati a loro volta obiettivi, hanno riportato ferite o sono stati privati del loro accredito stampa oppure sono stati sbrigativamente espulsi dal paese.

I buoni e i cattivi esempi africani

L'Eritrea (al 132mo posto) e lo Zimbabwe (al 122mo) sono gli Stati più repressivi dell'Africa subsahariana. Nel settembre 2001 in Eritrea tutta la stampa privata è stata vietata dal governo e 18 giornalisti sono a tutt'oggi in prigione. Da parte sua, il presidente dello Zimbabwe, Robert Mugabe, si distingue regolarmente per le sue prese di posizione particolarmente virulente nei confronti della stampa estera o d'opposizione. All'opposto, il paese africano meglio classificato è il Benin (in 21ma posizione) che peraltro figura tra i 15 stati più poveri del mondo, secondo l'ultimo rapporto del Programma delle Nazioni unite per lo sviluppo (PNUD). Infine, in altri Stati africani, come il Sud-Africa (al 26mo posto), il Mali (al 43mo), la Namibia (al 31mo) o il Senegal (al 47mo), esiste una reale libertà di stampa.

2.6 La funzione della stampa

Da possibilità per ogni individuo di esprimere le sue opinioni e le sue idee a strumento di servizio pubblico per la formazione e l'informazione della pubblica opinione. La libertà di stampa nasce come diritto della personalità, come garanzia di libertà individuale, ma nel corso degli anni - seppure tra le polemiche e lo scontro di opinioni - il concetto è stato allargato fino a farlo passare dalla sfera privatistica a quella pubblicistica. E la sua qualità e la sua diffusione sono diventati i parametri che permettono di misurare il grado di civiltà di un popolo.

In principio la libertà di pensiero è un diritto individuale perché è garantito al singolo e da ciò deriva che anche la libertà di manifestazione del pensiero è un diritto individualistico, ma poi diventa un servizio di pubblico interesse. Per tale ragione alla stampa viene assegnata una missione: informare e formare la pubblica opinione. Ma anche Mussolini e i suoi gerarchi erano convinti di questo. In quanto alla missione, dunque, nulla da dire. La differenza, semmai, sta nella sua definizione, nel suo contenuto e nei suoi obiettivi.

Gli stati democratici la intendono come funzione a rilevanza sociale. I regimi assolutistici e monarchici come mezzo di propaganda. La stampa ha il compito di controllare chi esercita il potere su mandato del popolo e di far conoscere agli amministratori il pensiero di chi li elegge. Mette a nudo eventuali abusi della classe dirigente ed è una valida arma che i cittadini hanno per difendersi da questi.

Questa funzione è stata sancita anche dalla Corte Costituzionale con la sentenza 105 del 15 giugno 1972 nella quale sottolinea che «nell'ordinamento democratico il ruolo della stampa e dell'informazione risponde all'esigenza di primario interesse generale della formazione di una opinione pubblica avvertita e consapevole».

In considerazione della importante e fondamentale funzione svolta, la stampa ha anche un dovere: la correttezza. Chi lavora in questo settore deve garantire, dunque, l'obiettività dell'informazione evitando forme e concetti subdoli, mendaci o tendenziosi. Facile comprendere come la libertà di stampa sia un diritto ma anche un dovere.

Una parte della dottrina concepisce la stampa come strumentale al raggiungimento di finalità collettive. Da ciò deriva che il diritto di informare di chi opera nel settore trae origine e giustificazione dal diritto dei cittadini di essere informati. Su questo, però, le opinioni sono divergenti. Non tutti, infatti, concordano con la teoria funzionale della stampa.

Nell'intervento di papa Paolo VI al X Congresso mondiale dell'Unione internazionale della stampa cattolica che si è svolto nel novembre del 1974 a Buenos Aires in Argentina si legge: «La diffusione delle notizie raggiungerà il suo nobile obiettivo di informazione e di formazione quando offrirà elementi sufficienti per impressionare le coscienze senza mai ricorrere ad aspetti puramente sensazionali o scandalosi... Un giornalismo ispirato a veracità e onestà guadagnerà la fiducia dei lettori e risponderà alla giusta speranza che costoro hanno di ricevere un'informazione obiettiva e puntuale nel campo politico, economico, culturale e religioso. Con ciò i lettori si sentiranno trattati non già come oggetti o masse manipolate, ma come persone e soggetti responsabili».[7]

No al sensazionalismo, ma più spazio all'approfondimento
Una stampa non indipendente è sinonimo di democrazia incompiuta
di Libero Mancuso*

Leggere l'impegnativa narrazione di Cesario Picca sulle origini e la storia del giornalismo in Italia, vuol dire ricostruire il percorso tortuoso ed irrisolto della democrazia nel nostro Paese. In qualche modo, capire le ragioni dei nodi che impediscono all'Italia di essere uno Stato di diritto e di appartenere a pieno titolo alle grandi democrazie occidentali; e come e perché dentro il ventre molle del sistema di potere, abbia allignato un male oscuro in grado di impedire il raggiungimento di una democrazia compiuta, di una identità nazionale condivisa.

Credo che questa chiave di lettura consenta di valorizzare fino in fondo il contributo dato da Picca alla identificazione dei poteri reali che si sono avvicendati in Italia, sottraendo terreno e comando ai poteri formali. E, allo stesso tempo, di afferrare le ragioni per le quali il nostro giornalismo è in crisi, i media siano pressoché interamente nelle mani di chi gestisce immani interessi nell'economia e nella politica, i giornalisti siano in gran numero subalterni, a volte persino in forme superiori al richiesto, a questi disegni di potere.

Formare, orientare la pubblica opinione, e non servirla; offuscarne le coscienze, confonderne le culture, abbassarne i livelli di moralità, condurla al disprezzo della politica per conquistarne il consenso attorno a scelte di vita e a modelli sociali volgari ed incolti, ispirati da ristrette cerchie di comando, spesso di composizione familistica, è stato l'assillo di potenti clan che, di volta in volta, servendosi dei media, hanno scalato i gradini del successo personale fino alla conquista di fette di potere reale. Ecco perché è stato, salvo rare eccezioni, assente nei media ciò che stava sotto la notizia, le ragioni per le quali quei fatti si verificavano, i processi che li determinavano.

Così l'Islam, Israele, la Palestina, i fondamentalismi religiosi e politici di Oriente e di Occidente, le grandi menzogne che hanno determinato il nostro coinvolgimento in guerre sanguinose, non hanno trovato adeguato spazio nel sistema dell'informazione ma sono divenuti argomenti che hanno arricchito lo scontro politico, provocando una caduta di credibilità complessiva che ha minato l'approfondimento delle ragioni dei contendenti e consentito persino l'offuscamento dell'allarmante caduta di tutela dei diritti umani che da tempo, sotto i nostri occhi e davanti alle nostre coscienze, avviene a Guantanamo, in Afghanistan, in Iraq. E quella voragine apertasi nell'etica dell'occidente non ha trovato accesso nell'informazione, che ha presentato quelle notizie come inattese, incredibili, in modo da creare orrore senza verità, a salvaguardia delle nostre, non più innocenti, coscienze. Ma anche sul versante interno opera la corsa alla notizia che traumatizzi, che colpisca gli istinti più riposti e ancestrali, che scuota gli animi e che addormenti la ragione.

Queste sono state le caratteristiche, sempre più oltranziste, in voga da anni nella pubblicistica corrente. La notizia, secondo questo schema, non deve consentire d'indagarne le ragioni né gli ambienti nei quali è maturata, ma deve impressionare, attirare l'attenzione per qualche ora o qualche giorno e poi scomparire nell'archivio della memoria senza lasciare una traccia apparente, se non quella dell'accettazione progressiva dell'abbrutimento, fino alla caduta di un livello accettabile di etica individuale e collettiva.

Lo abbiamo verificato con gli anni di tangentopoli, quando si rincorreva ora per ora, giorno per giorno, la notizia di nuovi arresti come si trattasse di una caccia selvaggia, di una corsa ad un'indistinta cattura della preda, di nuovi mostri da dare in pasto a coscienze arrugginite. Non si badava a spiegare chi e cosa avessero consentito e protetto quei frutti velenosi, come uscirne in avanti, facendo in modo che quegli avvenimenti non si verificassero mai più, e perché fosse necessario affermare l'estraneità di un Paese civile a quelle pratiche indecenti.

Il terreno dell'informazione fu quello dello scontro spettacolare, giudici contro politici, che non poteva risolversi che con la vittoria della politica, non importava più quali connotati essa avesse. Così quegli stessi giornali, i medesimi canali televisivi, gli identici maitre à penser che avevano celebrato quello scontro con un tifo da curva e che avevano generato mostri da dare in pasto all'eccitazione del momento, consumando freddamente terribili tragedie personali e familiari, dopo pochi anni, raggiunti quei posti di potere resisi vacanti, consentivano il ritorno al passato, alla vecchia politica, arrivando a rimpiangerla, ergendo come pubblico esempio i protagonisti degli anni della vergogna.

Solo perché i nuovi padroni avevano interesse a smantellare lo Stato di diritto, pericolosamente insidiato, ancora una volta, dall'eguaglianza dei cittadini di fronte alla legge, dall'obbligatorietà dell'azione penale, dall'autonomia e indipendenza della Magistratura, principi cardine della nostra Costituzione repubblicana. Ebbene, favoriti da notizie che volano nell'aria e si dimenticano per la loro leggerezza giorno dopo giorno, che vengono usate nello spazio di qualche ora e poi spariscono dalle menti e dalle coscienze, e da processi penali che non arrivano a conclusione a causa di leggi sfornate per l'occasione, i potenti di turno sono riusciti a farla franca perché il malaffare ha bisogno di un giudicato che non arriva mai per poter avere un peso, dove avvisi di garanzia ed arresti sono presentati sempre in maniera strumentale e spettacolare, tanto poi viviamo in un Paese nel quale i tempi della giustizia sono quelli degni del terzo mondo e la responsabilità politica, l'unica in grado di sottrarre spazio e di sdrammatizzare quella giudiziaria, non è di casa in questo Paese, pur attraversato da costanti quanto gravissime deviazioni istituzionali e personali da parte di chi ha gestito e gestisce il potere.

Dunque una stampa indipendente è la grande assente in Italia, dove sono gli interessi economici ad occupare e condizionare la grande informazione, terreno di oscure battaglie decisive per la conquista del potere, condotte da uomini dell'ignominia del livello dei Sindona, Calvi, Gelli, e via continuando senza soluzione di continuità, postisi al servizio dei loro protettori (e protetti) politici di turno, in un processo di progressiva, assillante occupazione di ogni anfratto comunicativo.

Un disegno di perseguire costi quello che costi, ricorrendo ad ogni mezzo, finanche alla corruzione dei giudici di questa martoriata e malata Repubblica. Non risolvere questo nodo, così c'insegna la lettura del prezioso contributo di Cesario Picca, vuol dire non affrontare la grande questione della democrazia nel nostro Paese, lasciarla incompiuta ed esposta a rigurgiti illiberali e finanche autoritari, ove si consideri l'elevatezza della posta in gioco.

*Presidente della Corte d'Assise di Bologna

Senza bavaglio - L'evoluzione del concetto di libertà di stampa

2.7 Viene sancita la libertà di parola

Il diritto alla libertà di parola viene sancito per la prima volta nella Dichiarazione universale dei diritti dell'uomo emanata il 26 agosto 1789. Figlia della Rivoluzione, frutto della presa della Bastiglia. Caduta la monarchia, quel popolo libero dal giogo dell'oppressione pone le basi perché non ci sia mai più un ritorno al passato. Quando viene proibita la libertà di parola, la prima vittima è la democrazia. Chi ha sperimentato questo rapporto di causa ed effetto lo sa e corre ai ripari.

L'articolo 11 di quella Dichiarazione recita: «La libera comunicazione del pensiero e delle opinioni è uno dei diritti più preziosi dell'uomo. Ogni cittadino può dunque parlare, scrivere e stampare liberamente salvo a rispondere dell'abuso di questa libertà nei casi determinati dalla legge». Prima dei francesi, però, tocca agli inglesi sperimentare una pesante censura politico-ecclesiastica dalla quale riescono a liberarsi intorno al 1660. Ma in Gran Bretagna la libertà di manifestare il pensiero non viene riconosciuta con un atto positivo, bensì solo attraverso l'abolizione della censura.

Tre anni più tardi, nel dicembre del 1791, nasce il primo emendamento della Costituzione degli Usa: «Il Congresso non potrà fare alcuna legge per il riconoscimento di qualsiasi religione o per proibirne il libero culto; o per limitare la libertà di parola o di stampa; o il diritto che hanno i cittadini di riunirsi in forma pacifica e di inoltrare petizioni al governo per la riparazione dei torti subiti».

Circa cinquant'anni dopo lo stesso principio, ma in forma più articolata, viene sancito dall'Editto Albertino emanato il 26 marzo 1848. Mentre i modelli europei prevedono la possibilità del legislatore di limitare la libertà di espressione, quello americano mette tale libertà anche al di sopra della legge.

Passeranno cento anni esatti prima che l'Onu emani la sua Dichiarazione universale dei diritti dell'uomo dove all'articolo 19 recita: «Ogni individuo ha diritto alla libertà d'opinione e d'espressione incluso il diritto di non essere molestato per la propria opinione e quello di cercare, ricevere e diffondere informazioni e idee attraverso ogni mezzo e senza riguardo a frontiere»; e prima che anche l'Italia sancisca tale principio nella sua Carta costituzionale.

2.8 Libertà d'informazione nei documenti internazionali

Sono davvero numerosi i documenti di respiro internazionale e di una certa importanza che negli ultimi 40 anni hanno dato spazio alla libertà di informazione. La prima in assoluto - l'abbiamo ripetuto più volte in questo lavoro - è la Dichiarazione universale dei diritti dell'uomo del 24 agosto 1789, articolo 11; segue in epoca più recente un'altra Dichiarazione universale dei diritti dell'uomo approvata dall'Onu il 10 dicembre 1948, articolo 19; Convenzione europea per la salvaguardia dei diritti dell'uomo e delle libertà fondamentali firmata a Roma il 4 novembre 1950, articolo 10; Patto internazionale relativo ai diritti economici, sociali e culturali firmato a New York il 19 dicembre 1966, articolo 19;

Atto finale della Conferenza di Helsinki sulla sicurezza e cooperazione in Europa approvato l'1 agosto 1975, nella sezione "cooperazione nel settore umanitario e in altri settori" contiene il punto 2 dedicato all'informazione; Patto internazionale sui diritti civili e politici reso esecutivo in Italia con la legge 881 del 25 ottobre 1977, articolo 192;

Dichiarazione dell'Assemblea dell'Unesco del novembre 1978 nella quale vengono garantiti l'accesso del pubblico all'informazione; la diversificazione delle fonti e dei mezzi di informazione; la partecipazione del pubblico all'elaborazione dell'informazione; la correzione delle disuguaglianze nella circolazione dell'informazione; Convenzione internazionale sui diritti del fanciullo adottata a New York il 20 novembre 1989, articoli 13 e 17.

A questi vanno aggiunti, anche se mai attuati, il Progetto di Convenzione sulla libertà di informazione elaborato da una apposita conferenza tenuta a Ginevra il 23 marzo 1948 e il Progetto di dichiarazione sulla libertà di informazione elaborato dal Consiglio economico e sociale dell'Onu nel 1960.

Da ricordare anche la Convenzione americana sui diritti dell'uomo sottoscritta a San José de Costa Rica il 22 novembre 1969; la Dichiarazione americana sui diritti e doveri dell'uomo approvata a Bogotà nel 1949; la Carta africana sui diritti dell'uomo e dei popoli adottata a Nairobi il 28 giugno 1981; il Decretum de instrumentis communicationis socialis approvata dal Concilio Vaticano II il 4 dicembre 1963; la Dichiarazione dei diritti e delle libertà dell'uomo approvata dal Congresso dei deputati del popolo sovietico il 5 settembre 1991, articoli 6 e 12.

2.9 Libertà come diritto negativo

Libertà di stampa non significa solo diritto di esprimere le proprie idee e il proprio pensiero. Il concetto, infatti, include anche la garanzia dell'esercizio negativo, ossia la possibilità di non esprimere le proprie opinioni. È vero che la libertà indica emancipazione dal potere pubblico e privato, ma anche un'assenza di doverosità, ossia il diritto a non rivelare le proprie convinzioni.

«La libertà di tacere ha tradizioni altrettanto nobili della libertà di parlare e discende dalle stesse matrici ideologiche - afferma il Cerri - La libertà di manifestazione del pensiero include quella di coscienza come il più contiene il meno e si fonda sugli stessi presupposti... La tutela della libertà di non palesare il pensiero non è più un minus nei confronti della libertà di manifestarlo, ma un qualcosa di pariordinato e di parallelo... Il diritto al silenzio si fonda sugli stessi presupposti rispetto a quello di comunicare... Il diritto positivo e quello negativo di pensiero non solo hanno identico fondamento, ma anche contenuto corrispondente».[8]

Come il Cerri anche il Carnelutti pone l'accento sul diritto negativo della libertà di pensiero. «Ciò che la legge garantisce - afferma il Carnelutti - è la conformità delle parole al pensiero dell'uomo. Manifestare il proprio pensiero con la parola significa parlare come si pensa, non come altri vuole... Forse la formula più precisa è questa: si permette a ciascuno non di poter dire tutto quello che pensa, ma di non dover dire quello che non pensa. Perciò si parla correttamente di libertà di pensiero piuttosto che di libertà di parola... Secondo me l'articolo 21 garantisce all'individuo una vera libertà; vera perché non soggetta ad alcun limite e perciò non comprimibile da alcuna norma del diritto. Questa non è la libertà di dire tutto quello che uno pensa, ma di non dover dire quello che uno non pensa. Insomma, non tanto la libertà di parlare quanto la libertà di tacere... Il regime totalitario tende a far pensare tutti al medesimo modo. E poiché questo è impossibile, almeno a far parlare tutti al medesimo modo; cioè a sopprimere più che la libertà di pensare, la libertà di tacere. Ora è questa più intima e vitale libertà che l'articolo 21 della Costituzione garantisce al cittadino italiano».[9]

2.10 Libertà e arbitrio

Alla libertà di pensiero si affianca la libertà di espressione, ossia la possibilità di scegliere quale mezzo utilizzare per diffondere le proprie idee. La libertà di pensiero e di espressione implica responsabilità perché solo un'accortezza nel suo uso può garantirne il godimento. Se alla responsabilità subentra l'arbitrio abbiamo il libero pensiero e la libera espressione, ossia forme libertarie e irresponsabili incapaci di salvaguardare la libertà garantita.

Normale, quindi, che quando si eccede nell'uso di libertà concesse si rischi la loro revoca. Essere liberi, dunque, significa essere capaci di meritare tale status; significa essere in grado di addossarsi tutta la responsabilità che tale situazione impone. Non a caso il fascismo giustificava le limitazioni imposte alla stampa trincerandosi dietro la presunta irresponsabilità dei mezzi di comunicazione. Irresponsabilità che per i gerarchi fascisti significava, evidentemente, incapacità di usare la libertà concessa per lodare il regime.

Ma stabilire il crinale tra ciò che si può dire e ciò che non si può dire non è affatto facile. Un tentativo di soluzione la dà il Fois: «Il principio della libertà di pensiero - scrive - deve essere analizzato e ricostruito in modo tale che possa costituire un criterio normativo. Occorre cioè riuscire a precisare a quali limiti può essere soggetta la manifestazione del pensiero e a quali limiti è costituzionalmente inammissibile che sia soggetta. Solo così si determinerà quali manifestazioni possono essere vietate dal legislatore ordinario e quali invece non possono essere vietate senza contraddire la Costituzione... Tutto ciò significa che la linea di discriminazione tra esercizio della libertà di pensiero e abuso di tale libertà non può essere precisata che in base ad un criterio di valutazione ricavato direttamente ed esclusivamente dai principi costituzionali».[10]

Informazione etica nell'interesse della collettività

La libertà di stampa non è una bandiera assoluta, non deve violare altri diritti
di Vittorio Roidi*

La libertà di stampa è concetto radicato, ormai in Italia. Esso ha radici profonde nella nostra cultura ed è stato, diciamo così, fortificato dall'esperienza del ventennio fascista. Gli italiani, infatti, sanno bene che l'autoritarismo vieta e conculca il diritto di opinione, di manifestare il pensiero, di dire e conoscere quelle verità che al principe, inteso come detentore del potere, possono dare fastidio. È importante analizzare tuttavia quale libertà si sia sviluppata nell'ultima parte del Novecento, per comprendere quali siano le fondamenta del giornalismo e per individuare i compiti che ad esso sono affidati.

Tutto comincia proprio dopo l'approvazione della Costituzione repubblicana. In essa, quasi di getto, i padri costituenti avevano riversato la grande sete di libertà del popolo italiano, alla fine della seconda guerra mondiale, affinché il fascismo fosse seppellito per sempre. Libertà piena, dunque, per chiunque volesse esprimersi attraverso la stampa (o gli strumenti che ad essa si sono poi affiancati) senza autorizzazioni, senza censure né preventive né successive.

Durante il ventennio, il regime aveva inquisito i giornalisti, li aveva costretti ad iscriversi al sindacato fascista, aveva chiuso le sedi dei giornali, molti dei quali, attaccati e incendiati, erano riusciti a continuare le pubblicazioni spesso con grande difficoltà. Caduto il fascismo, ripristinati i diritti fondamentali dell'individuo, in accordo con la "Dichiarazione universale dei diritti dell'uomo", l'Italia riaffermava con solennità le forme e i modi della libertà.

Nel 1948, subito dopo l'entrata in vigore della carta costituzionale, la stessa assemblea costituente si occupò della legge sulla stampa. Non si volle lasciarla al nuovo Parlamento. Si preferì fare anche questo ulteriore sforzo, in una materia tanto delicata e decisiva. Nacque la legge n. 49 (8 febbraio 1948) che affrontò alcune materie – potremmo definirle "burocratiche" – riguardanti: la definizione di stampa e stampato, la registrazione, il direttore responsabile, il proprietario, i giornali murali, la rettifica, la riparazione pecuniaria, la diffamazione.

Una legge, decisamente affrettata, che metteva ordine e garantiva l'esercizio di una vera libertà, ma che non chiariva chi erano i giornalisti, qual era il loro lavoro, quali i loro doveri. Questo fu l'impianto, il fondamento giuridico sul quale si svolse il lavoro dei giornalisti (almeno fino al 1963, anno di approvazione della legge che istituì l'Ordine). Ne conseguì una situazione in cui il giornalista poté fare tutto, in nome della libertà di stampa, con l'unico limite costituito dai diritti individuali garantiti pure dalla Costituzione (il nome, il domicilio, l'onore…). Una concezione individualista, è stata definita. Il cronista lavora per realizzare il proprio articolo, accerta, descrive, riassume, commenta, avendo come obiettivo solo quello di realizzare la propria libertà. È lui l'artefice, lui il protagonista, lui il responsabile, lui il sacerdote.

La legge del '63, che ha stabilito chi è professionista e chi pubblicista ed ha indicato i doveri del giornalista (verità, lealtà, buona fede, rettifica ecc), ha in qualche modo rafforzato la figura. Un operatore dell'informazione che agisce in modo individuale, anche se ovviamente porta la responsabilità di ciò che pubblica. Solo molti anni più avanti si comincerà ad affermare che il lavoro dei giornalisti deve avere per riferimento il cittadino. Esistono nazioni la cui Carta costituzionale (più recenti della nostra) afferma il diritto del cittadino ad essere informato. Ecco, è per lui che il giornalista lavora.

È una diversa impostazione. È la teoria che qualcuno ha definito funzionalista. Passa in secondo piano il giornalista, con i suoi diritti. Diventa essenziale che il suo lavoro sia rivolto alla collettività, sia funzionale agli interessi del gruppo sociale. Un giornalista che non opera nell'interesse dell'editore (che pure lo paga e va rispettato), che prende le distanze da qualsiasi potere, che non si domanda mai "a chi conviene", che non cerca la gloria, né lo scoop ad ogni costo, ma che con correttezza e onestà si sforza di accertare i fatti e, una volta sicuro di essere nel giusto, li pubblica, li diffonde, quale che sia lo strumento con il quale lavora. Al servizio del cittadino.

Questa è la moderna concezione. Se l'unico interlocutore, l'unico destinatario è il cittadino – perché l'informazione degli individui è un bene supremo – allora la libertà del giornalista non è assoluta, non è una questione personale. Essa esiste e deve svolgersi in funzione della collettività. Già la Costituzione aveva posto il paletto degli altri diritti individuali protetti. Ora il giornalista vede che la sua facoltà di diffondere notizie deve svolgersi in relazione con la comunità di cui fa parte. Un esempio: la legge sulla privacy ha stabilito un limite preciso: l'essenzialità dell'informazione. È lecito pubblicare non soltanto ciò che è di interesse generale, ma ciò che non viola altri diritti (riservatezza sulla malattia, sulle abitudini sessuali), salvo che i casi nei quali questo particolare sia essenziale per la comprensione della notizia. Un cambiamento culturale, un costume che deve diffondersi all'interno della categoria. Che è stata addestrata nell'epoca in cui la libertà di stampa era una bandiera assoluta, che doveva sventolare e vincere su qualsiasi altro valore. Mentre oggi molti riconoscono che esiste un'etica dell'informazione che aiuta a tutelare anche altri beni, preziosi per la persona e per la collettività.

Un cane da guardia? Sì, speriamo sempre più attento a quello che accade, capace di raccontare e svelare, di abbaiare e se serve di mordere. Il controllo dei poteri da parte dei giornalisti è il compito che ad essi viene affidato. Ma deve essere realizzato nell'unico interesse che è quello del cittadino e nel rispetto di altri diritti protetti dalla legge.

*Segretario dell'Ordine nazionale dei giornalisti

2.11 I quattro principi della libertà dell'informazione

Alla base dell'intera legislazione italiana sulla stampa si possono intravedere quattro principi:

1- L'interdipendenza tra la libertà d'informazione e la forma di Stato. L'opinione dominante - confermata dalla stessa Corte Costituzionale - è che la libertà di espressione del pensiero costituisce le solide fondamenta sulle quali poggia un ordinamento democratico e questo a sua volta è garanzia di tale libertà;

2- Poiché il sistema informativo deve sorreggere una democrazia aperta, è necessario che tra i suoi caratteri dominanti ci sia il pluralismo delle fonti di informazione sia che queste siano in mano privata sia che siano in mano pubblica. Da qui sarebbe nata la relazione tra gli articoli 21, 41 e 43 della Costituzione che notevole influenza ha avuto sulla legislazione del settore;

3- Il pluralismo può derivare solo dalla dialettica del mercato, ma ci sono casi in cui le leggi di mercato non bastano a prevenire distorsioni, abusi e posizioni dominanti. Da qui l'esigenza di far intervenire lo Stato con una legislazione antitrust;

4- La libertà di informazione non va vista solo sotto l'aspetto attivo del diritto di informare, ma anche sotto quello passivo del diritto di essere informati e di informarsi. Non solo quindi il diritto dell'informazione, ma anche quello all'informazione. Nella Carta costituzionale non si parla di questo esplicitamente (da qui il lavoro di dottrina e giurisprudenza per il suo riconoscimento), ma la Dichiarazione universale dei diritti dell'uomo del 1948 e la Convenzione europea per la salvaguardia dei diritti dell'uomo e delle libertà fondamentali del 1950 lo prevedono espressamente.

2.12 La legge sulla stampa

Una delle novità della legge sulla stampa (la numero 47 del 1948) riguarda la registrazione di giornali e periodici ai sensi dell'articolo 5 dove viene disposto solo l'obbligo di registrare la testata alla cancelleria del tribunale nella cui circoscrizione avverranno le pubblicazioni. La prassi - che ha fini esclusivamente certificativi - richiede solo il deposito di alcuni documenti che le autorità preposte si limitano a controllare senza alcun obiettivo censorio o discrezionale.

La pecca, invece, è data dalla mancata revisione della disciplina fascista - che resta in vigore - sui reati a mezzo stampa. A questi c'è solo un'aggiunta. All'articolo 14 viene espressamente previsto che le disposizioni dell'articolo 528 del codice penale vengano applicate anche alle pubblicazioni destinate ai fanciulli e agli adolescenti se colpevoli di offendere il loro sentimento morale o di incitare alla corruzione, al delitto o al suicidio o di favorire il disfrenarsi di istinti di violenza e di indisciplina sociale. Un dettato, a dire il vero, molto vago e potenzialmente pericoloso nelle mani di un soggetto poco propenso allo spirito liberale. Nonostante le défaillance, la legge viene comunque promulgata ed entra in vigore.

La prima cosa che si nota subito è che il legislatore non ha mostrato quella lungimiranza che gli va invece riconosciuta nella stesura della Costituzione. In questo caso, infatti, la legge mostra i suoi anni e grida forte la necessità di essere modificata. L'esempio ci è fornito proprio dal primo articolo laddove vengono «considerate stampe o stampati, ai fini di questa legge, tutte (e soltanto, ndr) le riproduzioni tipografiche o comunque ottenute con mezzi meccanici o fisico-chimici, in qualsiasi modo destinate alla pubblicazione».

Qui, dunque, si parla solo di carta stampata e non vengono minimamente citati mezzi come la radio o la televisione. E poiché oggi - senza nulla togliere a giornali, radio e tv - siamo nell'era di Internet si capisce bene come quel grido cominci a diventare assordante.

«Il problema - spiega sul punto il Ruini - si pone inizialmente come libertà ad una persona di adoperare una piccola macchina da stampa per esprimere il proprio pensiero; sono oggi in azione altri strumenti e mezzi impressionanti per la formazione e comunicazione delle notizie e delle idee... I problemi sono oggi più complessi e non si possono risolvere con la semplice formula costituzionale d'un tempo: "la stampa è libera"; occorre una adeguata normazione; nel tempo stesso che va tenuta viva la scintilla di libertà a cui tanto devono le conquiste dell'ordinamento democratico».[11]

Il pericolo, comunque, sembra essere stato avvertito e difatti a suo tempo era stata costituita una commissione ministeriale presieduta dal giurista Carlo Federico Grosso con il compito di riformare il codice penale e la legge sui reati di stampa.

2.13 L'articolo 21 della Costituzione

Abbiamo appena visto, dunque, che democrazia e libertà di espressione sono due concetti interdipendenti. La manifestazione del pensiero diventa libera con la democrazia e questa ha bisogno di tale libertà per crescere e consolidarsi. Alla manifestazione del pensiero sono strettamente legati i mezzi per la sua diffusione tanto che alla stampa viene assegnata una funzione importante: dare voce al popolo; dare voce a chi non ce l'ha. È attraverso i mezzi di informazione che il popolo viene a conoscenza dei fatti di governo ed è attraverso questi che le autorità al potere vengono a conoscenza delle necessità e delle aspirazioni dei loro rappresentati.

Una funzione, questa, che può essere svolta solo da una stampa libera in grado di garantire informazione vera, completa, obiettiva e non tendenziosa. A tal proposito Ernest Heinitz afferma: «Se dunque, per ragioni storiche e sistematiche, il diritto di libertà della stampa è manifestazione e conseguenza del diritto di manifestare liberamente il proprio pensiero, tuttavia non si esaurisce in esso bensì ha una natura propria... Nello Stato costituzionale moderno la stampa adempie ad una funzione pubblica; essa contribuisce alla formazione dell'opinione pubblica... La funzione della stampa di cooperare alla formazione di tale opinione porta a trasformare il diritto civile di libertà di pensiero in ciò che la nostra dottrina chiama una garanzia istituzionale... La libertà della stampa non è più soltanto diritto di libertà dell'individuo di manifestare il proprio pensiero col mezzo della stampa; ma si tratta del complesso dei diritti di una istituzione considerata dal legislatore come uno dei pilastri della democrazia».[12]

Nella nostra Carta costituzionale questi due fondamentali principi sono espressi dai sei comma dell'articolo 21 nei quali si legge: «Tutti hanno diritto di manifestare liberamente il proprio pensiero con la parola, lo scritto e ogni altro mezzo di diffusione - La stampa non può essere soggetta ad autorizzazioni o censure - Si può procedere a sequestro soltanto per atto motivato dell'autorità giudiziaria nel caso di delitti, per i quali la legge sulla stampa espressamente lo autorizzi, o nel caso di violazione delle norme che la legge stessa prescriva per l'indicazione dei responsabili - In tali casi, quando vi sia assoluta urgenza e non sia possibile il tempestivo intervento dell'autorità giudiziaria, il sequestro della stampa periodica può essere eseguito da ufficiali di polizia giudiziaria, che devono immediatamente, e non mai oltre ventiquattro ore, fare denunzia all'autorità giudiziaria. Se questa non lo convalida nelle ventiquattro ore successive, il sequestro si intende revocato e privo di ogni effetto - La legge può stabilire, con norme di carattere generale, che siano resi noti i mezzi di finanziamento della stampa periodica - Sono vietate le pubblicazioni a stampa, gli spettacoli e tutte le altre manifestazioni contrarie al buon costume. La legge stabilisce provvedimenti adeguati a prevenire e a reprimere le violazioni».

La prima considerazione da fare riguarda la divisione in due parti di questo articolo. Sul punto si confrontano diverse tesi anche se secondo il Chiola due sono quelle più importanti tra loro antitetiche. La prima - da noi maggiormente accreditata - distingue i comma 1, 2, 3 e 6 che conterrebbero principi generali valevoli per tutti i mezzi con cui si può manifestare il pensiero, ossia per l'intero sistema dei mass media, dai comma 4 e 5 che sono norme dettate esplicitamente per la stampa periodica e dunque solo per la carta stampata. La seconda, invece, mette da una parte i comma 1 e 6 che a suo avviso tutelerebbero la libertà di manifestazione del pensiero e dall'altra i comma 2, 3, 4, 5 che disciplinerebbero esclusivamente la stampa periodica con ciò sostenendo che quando al comma 2 si parla di stampa il riferimento è solo alla carta stampata dando così una valutazione restrittiva al termine.

Il primo comma contiene l'affermazione generale della libera espressione del pensiero con ogni mezzo compresa la stampa; per la teoria dominante, il secondo comma si riferisce specificamente alla stampa e vieta espressamente qualsiasi tentativo di autorizzazione o censura, ma sul punto come abbiamo appena detto si confrontano due tesi tra cui quella che pian piano comincia ad imporsi come dominante sia nella prassi che nella dottrina e che assegna il significato di sistema al termine stampa.

Nel terzo e nel quarto si entra nel vivo della questione perché si parla di censura. Il terzo stabilisce che il sequestro può avvenire solo a due condizioni: una sostanziale (impone che il sequestro venga eseguito solo nel caso siano commessi dei delitti per i quali la legge prevede espressamente tale istituto) e l'altra di competenza (prevede che vi sia un atto motivato dell'autorità giudiziaria). Nel quarto comma si parla della stampa periodica e si autorizza ad eseguire un sequestro anche la polizia giudiziaria purché all'assoluta urgenza si affianchi l'impossibilità dell'autorità giudiziaria di intervenire.

Per evitare eventuali abusi, però, il sequestro va denunciato all'autorità giudiziaria entro 24 ore e quest'ultima deve convalidarlo entro altre 24 ore a pena di nullità. Nel quinto si rimette alla legge ordinaria la facoltà di controllare le fonti di finanziamento della stampa periodica come garanzia di quel pluralismo alla base dell'obiettività. Infine nel sesto comma si va oltre la stampa e si parla di tutte le forme di manifestazione del pensiero. Viene fatto espresso divieto di tutto ciò che è contrario al buon costume e si dà facoltà alla legge di adottare i necessari provvedimenti preventivi e repressivi.

«Questo rinvio al legislatore ordinario - spiega il Fois - riguarda solo la predisposizione di mezzi e istituti atti ad evitare la violazione del limite espressamente indicato, non già per fissare nuovi e diversi limiti al contenuto della libera manifestazione... L'ipotesi del rinvio al legislatore ordinario per ciò che riguarda la predisposizione dei limiti della libertà, mai può essere presunta, ma sempre caso per caso dimostrata».[13]

2.14 Le discussioni sull'articolo 21

2.14.1 L'articolo 21 e il resto della Costituzione

Tra il 21 e gli altri articoli della Carta costituzionale è facile notare dei rapporti alcune volte anche molto stretti. Comprensibile dato che il dettato costituzionale è un corpo unico al quale danno tutti il loro contributo. Proprio in considerazione di ciò non possiamo cominciare una discussione su questa norma prima di prendere in considerazione i legami che la legano al resto della Costituzione.

In stretta simbiosi con il 21 c'è senza dubbio l'articolo 15 che protegge la libertà e la segretezza della corrispondenza e di ogni altra forma di comunicazione. La differenza sta nel fatto che mentre il primo prevede la manifestazione pubblica, il secondo si riferisce più che altro a un tipo di comunicazione in ambito più ristretto, quasi privato.

Non passa inosservata la maggiore garanzia costituzionale offerta ai rappresentanti del popolo nell'esercizio delle loro funzioni. Al primo comma dell'articolo 68, infatti, si legge che «i membri del Parlamento non possono essere perseguiti per le opinioni espresse e i voti dati nell'esercizio delle loro funzioni».

E la stessa cosa prevede il quarto comma dell'articolo 122 quando afferma che «i consiglieri regionali non possono essere chiamati a rispondere delle opinioni espresse e dei voti dati nell'esercizio delle loro funzioni». Come vedremo più avanti con la religione, l'arte e la scienza, anche per la politica il Fois parla di materia privilegiata.

Vanno citate anche le libertà di riunione (articolo 17) e di associazione (articolo 18), due forme di libertà attraverso le quali si determina la personalità dell'individuo. Fini più o meno simili vanno riconosciuti anche alle libertà sindacali (articolo 39) e politiche (articolo 49).

Molto discusso è, invece, il legame tra il 21 il 33. Quest'ultimo sancisce che «l'arte e la scienza sono libere e libero ne è l'insegnamento». A tal proposito il Fois ha voluto distinguere tra materia comune (la 'semplicÈ libertà di pensiero sancita dal 21) e privilegiata (l'arte, la scienza e l'insegnamento di cui parla il 33 e la politica sarebbero, dunque, aspetti privilegiati della manifestazione del pensiero) affermando che per quest'ultima non vale il limite del buon costume e dell'ordine pubblico.

Da qui la polemica. Gli oppositori hanno innanzitutto ribadito che una divisione in tal senso non esiste e che se in alcuni punti la Costituzione parla esplicitamente di alcune forme di manifestazione del pensiero e delle idee, non è per ridurre la portata e il peso dell'articolo 21, bensì per rimarcare questo concetto anche in altri campi. La dottrina prevalente sembra propendere per questa teoria. In questa discussione - ma con le stesse conclusioni - sono stati anche coinvolti gli articoli 8, 19 e 20 nei quali si parla della libertà religiosa. A conferma della sua tesi, il Fois comincia con il chiedersi come mai la libertà di religione, arte e scienza sia stata indicata in un articolo diverso dal 21. All'inizio, a dire il vero, l'Assemblea costituente aveva deciso di inserire tutto nel 21.

Ma per garantire nel miglior modo possibile la tutela costituzionale a questi aspetti fondamentali della libertà personale e per evitare eventuali, cattive, interpretazioni, optò per articoli separati. Secondo il Fois questa scelta sarebbe da attribuirsi proprio alla particolarità della materia (da lui definita privilegiata, ma senza con questo dare l'impressione - a nostro avviso - di volersi allontanare dalla dottrina dominante. Semmai il suo pare un tentativo di dare maggiore risalto a questa scelta del costituente) alla quale il legislatore ha voluto accordare una sfera di libertà particolarmente ampia e una tutela particolarmente rigida.[14] Onde evitare inconvenienti, lo stesso Fois cerca di spiegare la ratio che lo spinge a parlare di materie privilegiate. «Ci sembra - scrive - che l'ordinamento costituzionale le riconosca tali perché il pieno e assoluto riconoscimento di esse, oltre a costituire salvaguardia di beni spirituali dei quali a buon diritto l'individuo è massimamente geloso, aspetti essenziali della natura più intima della personalità, è condizione indispensabile per il progresso morale e culturale della comunità. È quindi un interesse generale ultraindividuale (interesse della comunità) oltre che squisitamente individuale».[15]

Abbiamo detto prima che la libertà positiva di manifestare il pensiero comprende anche la libertà negativa di non renderlo pubblico. Questo concetto sembrerebbe trovare riscontro nell'articolo 2 («La Repubblica riconosce e garantisce i diritti inviolabili dell'uomo...» e dunque anche quello di non esprimere il proprio pensiero) e nel 48 dove si parla della segretezza del voto e quindi delle convinzioni politiche.

In tema di legami non si può non accennare all'articolo 9 («La Repubblica promuove lo sviluppo della cultura e della ricerca scientifica e tecnica») e allo stesso 1 che indirettamente fa riferimento al 21 quando afferma che «la sovranità appartiene al popolo...» e che questo la esercita solo se ben informato.

Il Fois distingue le libertà sancite nella Carta in due categorie. Da una parte quella individuale (articolo 13), del domicilio (articolo 14), la segretezza della corrispondenza (articolo 15), la circolazione e il soggiorno (articolo 16), il giudice naturale (articolo 25) e altre ancora e dall'altra quelle pubbliche di stampa (articolo 21), di religione (articolo 19), di riunione (articolo 17), di associazione (articolo 18), della scienza e dell'arte (articolo 33) e così via. Per la prima categoria la tutela costituzionale è vista nella sua rilevanza individuale o privata e sotto un profilo negativo e inattivo. Nel secondo caso verrebbe, invece, tutelata la manifestazione esterna nel suo aspetto positivo e attivo. Per queste ultime libertà, quindi, esisterebbe una rilevanza sociale che avrebbe i suoi effetti anche sul piano giuridico per quanto concerne i limiti.

C'è differenza, infatti, tra la tutela di un diritto che ha una rilevanza privata e un diritto che ne ha una pubblica. La prima categoria ruoterebbe intorno alla inviolabilità personale sancita dall'articolo 13. Questa, sempre secondo il Fois, sarebbe il presupposto di tutte le altre. Al centro della seconda categoria c'è invece la libera manifestazione del pensiero che per l'autore rappresenta «per eccellenza l'espressione della personalità spirituale del singolo». Fare questo confronto tra quanto afferma il 21 e gli altri articoli della Costituzione per l'autore sarebbe fondamentale per procedere a una esatta determinazione del significato e del valore della libera manifestazione del pensiero. «Bisogna tenere presente - conclude - quali rapporti lo legano ai principi informatori delle altre norme poste a tutela della personalità spirituale del singolo».[16]

La libertà di pensiero, secondo l'autore, sarebbe tutelata in due modi diversi: uno diretto e sostanziale e l'altro indiretto e strumentale rispetto al primo. Da una parte la garanzia di ciò che si può manifestare e dall'altra l'uso dei mezzi (stampa, cinema, riunioni, associazioni) da utilizzare a tale fine. Rispetto ai mezzi, la libertà di manifestazione del pensiero (intesa sia nella sua forma generica che nelle forme specifiche quali religione, scienza, arte e via di seguito) rappresenta il logico presupposto senza però intaccarne l'autonomia.

2.14.2 Norma precettiva o programmatica?

Una delle tante discussioni verte sulla natura dell'articolo 21. Ci si chiede se questa sia precettiva o programmatica. Sul punto si è divisa anche la Corte di Cassazione. Le sezioni unite penali si sono espresse per il carattere programmatico; le civili per quello precettivo. «La norma contenuta nell'articolo 21 della Costituzione - scriveva la Corte di Cassazione - non ha valore precettivo di immediata applicazione essendo limitata a porre principi direttivi e programmatici destinati a formare oggetto di disposizioni legislative».[17]

È stata necessaria la pronuncia della Corte Costituzionale per dirimere la questione e ricompattare la dottrina. Come affermato dai giudici di Palazzo della Consulta nella sentenza 1 del 14 giugno 1956, infatti, la norma costituzionale in esame non può che avere carattere precettivo. A dire il vero, in tale sentenza la Corte Costituzionale non escludeva che l'articolo 21 fosse programmatico, ma affermava che anche il contrasto con norme programmatiche dà luogo ad incostituzionalità delle leggi (ordinarie).

Tuttavia, poiché nella giurisprudenza di allora programmaticità di una disposizione aveva significato di inettitudine di una regola costituzionale non solo ad abrogare, ma in genere a invalidare disposizioni di legge contrastanti, la Corte Costituzionale negava la natura programmatica della dichiarazione del 1° comma dell'articolo 21. «Si potrebbe ritenere – scrive il Barile – che l'articolo 21 sia norma a mero carattere programmatico, ma la sua formulazione è tale da escludere una simile possibilità». Per l'Esposito, invece, «l'idea di un valore puramente programmatico nella dichiarazione dell'articolo 21, prevalente nella nostra giurisprudenza fino a che non ha iniziato la sua attività la Corte Costituzionale, si risolve in un circolo vizioso o peggio ancora in una inversione logica, poiché non misura dalla sovraordinata dichiarazione costituzionale la validità delle leggi ordinarie, ma, viceversa, secondo una supposta validità delle leggi ordinarie statuisce il significato della Costituzione»[18].

2.14.3 Teoria funzionale e teoria individuale

È sempre vivo lo scontro tra la concezione individualista e quella funzionalista della libertà di stampa. È una contrapposizione tra coloro che vedono la libertà di manifestazione del pensiero riconosciuta e protetta dalla Costituzione come diritto del singolo e coloro che sottolineano il valore strumentale di tale libertà ai fini della pubblica utilità. Nonostante questa (fondamentale) differenza, entrambe le fazioni respingono, però, la distinzione sul piano giuridico tra opinioni e notizie ai fini della tutela costituzionale.

Nella concezione individualista le notizie vengono ricondotte alle opinioni ma l'interesse pubblico alla diffusione del pensiero passa in secondo piano rispetto al diritto del singolo individuo di manifestarlo.

La teoria funzionalista, invece, riconosce alla libertà di informazione una funzione essenziale per la definizione e l'attuazione della forma democratica di governo. È la missione di cui parla - a modo suo - anche il fascismo. La stampa, cioè, ha il dovere di formare e informare i cittadini affinché contribuiscano alla realizzazione dello stato democratico. Su quest'ultimo punto si è espressa a favore anche la Corte Costituzionale in alcune sue sentenze degli anni 70 come, per esempio, la 105 del 15 giugno 1972. Ma a questa i sostenitori della teoria individualista ne oppongono un'altra. È la 2 del 1971 nella quale, a loro avviso, anche se viene riconosciuto l'interesse generale di questa libertà, verrebbe rigettata la dottrina più rigidamente funzionalista.

Questa divergenza avrebbe, tra l'altro, un certo peso a riguardo delle garanzie costituzionali di tale libertà. Secondo i sostenitori della teoria individualista, infatti, la manifestazione del pensiero sarebbe tutelata dal dettato costituzionale solo in quanto libertà individuale; solo in quanto mezzo per la determinazione della persona umana mentre al di fuori di questo assunto non potrebbe più contare su tale tutela.

Dall'altra parte si ribatte affermando che la funzione sociale della stampa sarebbe riconosciuta dall'articolo 3, secondo comma, quando parla di «effettiva partecipazione di tutti i lavoratori all'organizzazione politica, economica e sociale del Paese». Partecipazione che può esserci solo se si è informati. Gli stessi 'individualisti', comunque, si guardano bene dallo squalificare la tesi a loro opposta essendo lapalissiano che la personalità si determina proprio nel rapporto e nel confronto con la società.

È contrario alla teoria funzionale l'Esposito il quale afferma: «Molto probabilmente ha favorito il capovolgimento e spinto a concepire l'uso di questa libertà come esercizio di una funzione la idea generale che la contrapposizione tra individuo e Stato sia astrazione e che il rapporto tra l'uno e l'altro sia quello della parte col tutto, della comunità con il partecipe e che perciò non solo l'adempimento dei doveri, ma anche l'esercizio delle libertà sia modo di partecipazione del singolo alla vita dello Stato; in parte vi avrà anche contribuito la accentuazione del significato sociale di altri diritti in passato considerati individualistici e garantiti a vantaggio dell'individuo e non della collettività, e vi ha certamente contribuito la analisi della struttura intimamente sociale dei diritti di comunicazione, manifestazione o dichiarazione del pensiero che si svolgono necessariamente in una dualità, pluralità o collettività di persone e il cui significato pare perciò che non sia colto finché ci si soffermi ad indicare che cosa essi rappresentino per l'individuo isolato e quali soddisfazioni egli possa trarne nell'intimità del suo spirito, ma solo quando si stabilisca che cosa esse significhino per le persone collegate, e perciò, ove si svolgano entro la comunità statale, che cosa significhino per lo Stato... Quando si afferma che la nostra Costituzione garantisce il diritto di manifestazione del pensiero in senso individualistico si intende dunque dire che esso è garantito al singolo come tale indipendentemente dai vantaggi o dagli svantaggi che possano derivarne allo Stato... A base del riconoscimento della libertà di manifestazione del pensiero non sta infatti solo la fede che la libertà riconosciuta apporti bene, ma anche la idea che quella libertà come tale sia un bene, anche se apporti mali specifici».[19]

D'accordo nel respingere la teoria funzionale anche il Delitala: «Questa costruzione di un diritto funzionale di libertà propria della stampa è giuridicamente pericolosa ed erronea. Erronea perché la libertà di manifestazione del pensiero non muta natura in considerazione della maggiore o minore potenzialità diffusiva del mezzo adoperato e della cerchia più o meno vasta delle persone destinate a riceverlo. E pertanto, dato che sono la stessa cosa, se si costruisce funzionalmente la libertà di stampa non ci sarebbe motivo per non costruire funzionalmente anche la libertà individuale di manifestazione del pensiero. Pericolosa perché se si fa leva sulla funzione sociale della stampa riesce poi arduo escludere la possibilità di un controllo sul modo col quale la funzione è esercitata. Funzione e controllo sono in un certo senso termini correlativi posto che ogni attività funzionale implica l'adeguamento ad un fine prestabilito. Ecco perché io penso che la libertà di stampa non sia una autonoma libertà funzionale riconosciuta come tale dalla nostra Costituzione, ma una garanzia strumentale della fondamentale libertà di manifestazione del pensiero, attribuita ad ognuno di noi come inviolabile diritto dell'umana personalità».[20]

Al fianco di Esposito e Delitala anche il Crisafulli: «Sono proprio le funzioni pubbliche cui adempiono nel loro insieme i mezzi di comunicazione di massa a costituire l'equivoco di fondo che vizia a mio avviso le dottrine funzionali. E l'equivoco consiste nello scambio tra la possibile configurazione dei mezzi socialmente più importanti di diffusione come servizio di interesse pubblico, e forse addirittura come pubblici servizi, e la configurazione dell'attività attraverso essi esplicantesi come adempimento di una pubblica funzione. Di regola, un'attività non cambia natura né qualificazione giuridica a seconda dei modi in cui si esercita. E finché nei testi costituzionali sono riconosciute libertà di espressione, e particolarmente di stampa, di cronaca, di cultura e di insegnamento, come diritti fondamentali dell'uomo, esse rimangono tali... Si può anche parlare di interesse generale, ma senza che necessariamente ne derivi una loro funzionalizzazione».[21]

Negli ultimi anni, comunque, pare essere aumentata la schiera di coloro che sembrano essersi avvicinati a posizioni intermedie riconoscendo alla stampa sia la funzione sociale sia il carattere di libertà individuale. Si parla così di libertà come garanzia di espansione sociale, ossia come strumento di partecipazione all'ordinamento democratico dello Stato. Questa libertà, dunque, «arricchisce la comunità con il libero e cosciente apporto del singolo e il singolo con l'integrazione culturale che ne nasce... Il concetto individualista della libertà è e resta logicamente e storicamente un prius rispetto alla caratteristica funzionale... Ma non può negarsi che per l'appunto nei sistemi democratici la garanzia di buon funzionamento del sistema poggia proprio sulla più ampia libertà di manifestazione del pensiero, essendo essa che alimenta la forza sociale di base che è la pubblica opinione».[22] Secondo il Luciani non esisterebbe uno scarto eccessivo o radicale tra le due teorie «perché - spiega - se è vero che i diritti funzionali in senso proprio sono quelli che l'ordinamento converte da "mere facoltà in poteri-doveri", è però frequente vedere definiti come tali anche semplicemente quelli "dei quali si considera l'apporto positivo necessario alla vitalità di ogni assetto democratico". Ed è precisamente in questo secondo, più debole senso, che si è soliti parlare di una natura "funzionale" della libertà di manifestazione del pensiero».[23]

Sulla possibile coesistenza tra le due teorie si è espresso anche il Chiola. A suo avviso la funzionale e la individuale non sarebbero alternative. «Le due possono coesistere - scrive l'autore - purché si distingua la libertà riconosciuta a tutti di narrare i fatti comunque appresi dal diritto d'informare attribuito a quei mezzi che, attuando la circolazione delle notizie, favoriscono la conoscenza della collettività».[24]

2.14.4 Tutti i mezzi di informazione

Altro motivo di discussione è la presunta attenzione che l'articolo 21 dedicherebbe solo alla stampa trascurando tutti gli altri mezzi di diffusione di notizie, pensieri e idee. Di primo acchito potrebbe sembrare così; in realtà una più attenta riflessione può dare l'impressione che questa presunta manchevolezza stia lì a testimoniare, al contrario, la lungimiranza dell'Assemblea costituente. Nel 1947 c'era già la radio ed era quasi in dirittura d'arrivo la televisione e per i padri costituenti non sarebbe stato difficile menzionarli. Ma questo avrebbe forse ingessato troppo un articolo che, a causa del progresso tecnologico, era necessario rendere molto elastico. Elasticità che gli viene concessa dall'ultima parte del primo comma nel quale si parla di «ogni altro mezzo di diffusione».

Il fatto che nel secondo comma sia menzionata solo la stampa, ossia una delle tecniche per manifestare il proprio pensiero, potrebbe in realtà essere dovuto a due semplici constatazioni: l'importanza della stampa e il suo significato. È con essa, infatti, che si è cominciato a diffondere il pensiero in maniera non eterea come può essere la trasmissione orale.

E come ha affermato lo scrittore e uomo politico liberale francese, Benjamin Constant, «la parola è il mezzo più naturale ed essenziale, ma ha altrettanta importanza lo scritto». Molti altri mezzi sono stati inventati da quando Johann Gutenberg ha inventato i caratteri mobili nel 1492: la radio negli anni 30, la tv nei 50, Internet nei 90, ma la stampa continua a conservare ancora il ruolo di capostipite di tutti i mezzi di comunicazione; in questo contesto, dunque, il termine stampa non indicherebbe un solo mezzo, bensì l'intero sistema dei mass media al quale viene riconosciuta tutela costituzionale.

Inoltre, a supporto di questa tesi, bisogna tenere presente che nell'odierna terminologia stampa viene spesso usata come sinonimo di comunicazione, espressione, informazione. E la libertà della stampa (quotidiani, periodici, radio, tv, Internet) viene sempre più a coincidere con la libertà di manifestazione del pensiero quasi fossero un tutt'uno. Del resto la nostra comunicazione passa proprio attraverso questi mezzi ai quali appartengono anche la parola e i gesti. I mezzi, cioè, sono strumentali per l'informazione.

Secondo Zaccaria, Capecchi e Paladin, invece, questo sarebbe da attribuire al fatto che la norma in esame è minata da lacune e manchevolezze. A loro avviso (ma anche molti altri autori si sono espressi allo stesso modo) i padri costituenti avrebbero tenuto più un atteggiamento retrospettivo. Ossia avrebbero più guardato al passato che non al futuro. Si sarebbero, cioè, fatti carico di preoccupazioni del passato (quando effettivamente la carta stampata ha subito pesanti limitazioni) anziché affrontare problematiche attuali o immediatamente a venire.

Le affermazioni di questi autori fanno sorgere una domanda: possibile che i nostri costituenti siano stati così sprovveduti o poco preparati o troppo superficiali da non tenere conto dei nuovi mezzi? La nostra impressione è che abbiano ragione i tre autori prima citati, ma solo in parte. Perché è vero che è stato dato più spazio alla carta stampata, ma con un occhio sempre rivolto agli altri mezzi come testimonia la divisione dell'articolo 21.

Da una parte i comma 1, 2, 3, 6 (dove si fa riferimento all'intero sistema dei mass media anche quando nel secondo comma si parla di stampa stando quel termine a indicare tutti i mezzi di comunicazione) e dall'altra il 4 e il 5 dove si fa riferimento esclusivamente alla stampa periodica.

A chiarire gli inevitabili dubbi e a sopire le eventuali diatribe sul medesimo valore assegnato a tutti i mezzi di comunicazione ci ha pensato, comunque, la Corte Costituzionale che nella sentenza 126 del 2 maggio 1985 ha spiegato: «La garanzia costituzionale della libera manifestazione del pensiero, proprio per la sua rilevanza fondamentale per l'ordinamento democratico, deve ritenersi estesa ad ogni concreta modalità di esercizio». Semmai di diverso, come afferma il Fois, c'è la natura degli stessi mezzi. Ognuno di essi presenta caratteristiche tipiche e nella regolamentazione dell'uso si deve tenerne conto. Sta di fatto, comunque, che il pieno godimento della libertà di pensiero implica la garanzia del libero uso dei mezzi di diffusione perché «sempre e necessariamente il pensiero si rende pubblico e manifesto attraverso un mezzo».[25]

105

Il diritto costituzionale moderno deve fare i conti con la tv
La necessaria modifica dell'articolo 21 della Costituzione
di Augusto Barbera*

L'art. 21 della Costituzione italiana ha reso molti servigi alla democrazia italiana ma mostra sempre più tutti i suoi limiti. I costituenti non potevano certo menzionare i mezzi di comunicazione televisiva, allora ai primi esperimenti, ma non menzionano neppure i mezzi radiofonici. Eppure già allora si aveva larga esperienza sull'utilizzazione politica degli stessi: nelle elezioni del 1928 il mezzo radiofonico fu il principale mezzo per la corsa alla Presidenza mentre negli anni immediatamente successivi le "chiacchiere accanto al caminetto" ("Fireside Chats") di F.D.Roosvelt avevano aiutato il New Deal ad affermarsi.

D'altro canto, in periodo nazista, il Ministro della Educazione popolare J.P. Goebbels aveva ampiamente utilizzato la radio come strumento per la "nazionalizzazione delle masse", mostrando di fare tesoro delle tesi di Gustave Le Bon che sul finire del secolo scorso aveva teorizzato la identità di natura fra comunicazione politica e messaggio pubblicitario. Non è solo un problema di mezzi di trasmissione; basti pensare che mentre l'art. 21 è assai attento alla libertà "di" stampa (come libertà dalla censura e dai sequestri) non fa neanche sicuro riferimento alla libertà "della" stampa limitandosi alla generica facoltà del legislatore di prevedere la indicazione dei mezzi di finanziamento della stessa.

Tale norma è ancora legata ai vecchi schemi delle costituzioni liberali classiche puntando soprattutto sulla libertà dell'individuo che manifesta il pensiero. Eppure scriveva Kant nel 1786 «si è soliti dire che un potere può privarci della libertà di scrivere ma non di pensare: ma quanto e quanto correttamente penseremmo, se non pensassimo per così dire in comune con altri a cui comunichiamo i nostri pensieri, e che ci comunicano i loro? Quindi si può ben dire che quel potere esterno che strappa agli uomini la libertà di comunicare pubblicamente i loro pensieri, li priva anche della libertà di pensare, cioè dell'unico tesoro rimastoci in mezzo a tutte le imposizioni sociali».

Con l'art. 21 non solo si cercava di racchiudere un importante istituto di libertà entro gli angusti confini di un limitato diritto soggettivo ma si trascurava, a differenza della limpida formulazione dell'art. 19 della "Dichiarazione dei diritti dell'uomo" approvata nel dicembre del 1948, pochi mesi dopo il testo costituzionale italiano, che accanto al diritto soggettivo di libera manifestazione del pensiero andava annoverato il diritto a "cercare", "ricevere", "diffondere" informazioni. Insieme a Stefano Rodotà avevamo presentato progetti nella Commissione Bozzi per una riscrittura dell'art. 21 della Costituzione ma le proposte della commissione non ebbero seguito. Nella successiva commissione De Mita-Iotti e nella Commissione D'Alema non si riuscì neanche a sollevare il tema: alla commissione infatti era precluso l'accesso alla parte prima della Costituzione.

Nonostante detti limiti della normativa costituzionale, la Corte Costituzionale, in maniera tormentata, ha progressivamente elaborato un vero e proprio Statuto dell'informazione e della comunicazione. Ma le vicende che hanno accompagnato la giurisprudenza della Corte, dalla prima liberalizzazione del 1976 – rimasta non regolamentata fino alla legge Mammì del 1991 – alle successive sentenze antimonopoliste degli anni successivi, rimaste in vario modo aggirate, fino alla legge Gasparri di quest'anno, stanno a dimostrare i limiti dell'intervento del Giudice costituzionale. Cruciale, quindi, il tema della comunicazione. Nel ripercorrere, in particolare, le forme della comunicazione in una società basata sulle libertà politiche è possibile richiamare l'attenzione su tre date emblematiche:

- La prima possiamo collocarla nel V secolo a.C. ad Atene, dalle riforme di Clistene prima e di Pericle poi, dopo la cacciata di Ippia, alle quali si fa risalire la nascita della democrazia politica. Da quel periodo l'autogoverno politico è vissuto attorno all'agorà (la piazza), prima ancora che attorno alla "ecclesia" (l'Assemblea cittadina). La agorà era il luogo dell'incontro e dello scontro, della comunicazione dialogica, del dissertare, del manifestare e del protestare. La "piazza" rimarrà per diversi secoli il luogo della comunicazione fra uguali, dove si realizza l'"isonomia"; il luogo dove, in condizioni di eguaglianza, i cittadini esercitano le libertà politiche.

- Successivamente la città e la piazza si dilatano, si formano gli stati nazionali e qui è possibile trovare una seconda data emblematica, indicando il 1694 -1695. Perché tale data? Per due motivi. Perché il 1694 – che segue di cinque anni il "Bill of Rights" – segna la nascita del primo governo di gabinetto, cioè di un governo chiamato a "rispondere"di fronte all'opinione pubblica e perché il 1695 è il momento in cui è abrogato il "Licensing Act" che sottoponeva a vincoli di segretezza i dibattiti parlamentari e sottoponeva altresì alla possibile censura del Parlamento tutte le pubblicazioni (che da altre parti d'Europa invece erano sottoposte a censure ecclesiastiche). L'espressione "speaker", che oggi indica il presidente della Camera dei Comuni, stava appunto a significare che egli era l'unico che potesse rivelare gli "arcana imperii", cioè quello che si decideva e si deliberava nelle Aule della Camera dei Comuni. È quello il periodo in cui si forma, ci ricorda Habermas, il concetto di "opinione pubblica". La piazza, le manifestazioni, i cortei, gli spazi pubblici (i "Caffè" nel settecento) riacquistano la loro funzione di strumenti ("media") per la comunicazione politica. Da quel periodo – nell'Ottocento e soprattutto nel Novecento – le associazioni, i partiti, i sindacati, le società intermedie, le grandi organizzazioni culturali, realizzando in forme nuove lo stesso rapporto orizzontale che si era determinato nella "polis", contribuiscono a formare l'opinione pubblica e a trarre alimento dall'opinione pubblica stessa.

- Il 1960 è la terza data significativa: è l'anno del match Kennedy-Nixon. Inizia ad affermarsi la videopolitica e il posto della piazza è progressivamente occupato da una agorà elettronica. In essa i messaggi tuttavia non sono più orizzontali ma di tipo verticale, la relazione con lo spettatore è di tipo unidirezionale: l'immagine – ci dice McLuhan – è già essa stessa un messaggio, al di là della parola. Da allora in poi chi controllerà i mezzi televisivi potrà controllare il nucleo stesso della comunicazione politica come mai avvenuto fin qui. Dice Wright Mills: nel pubblico come lo intendeva l'Inghilterra del XVIII secolo – come lo intendevano le società liberali nascenti – «ci sono virtualmente tante persone che esprimono le loro opinioni quanto sono quelle che subiscono le opinioni altrui» (è quello che ho definito "rapporto orizzontale"). A ciò si aggiunge, per Wright Mills, che le comunicazioni pubbliche sono organizzate in modo tale «che è possibile rispondere immediatamente ed efficacemente a qualsiasi opinione espressa in pubblico».

Invece nel contesto comunicativo di una società di massa è tutto rovesciato: a) coloro che esprimono opinioni sono di gran lunga meno numerosi di coloro che la ricevono, «per cui la comunità si riduce a una grezza quantità di individui sottoposta passivamente ai mezzi di informazione»; b) la comunicazione è sempre organizzata in modo tale che «è difficile o impossibile all'individuo controbattere immediatamente e con efficacia»; c) per tale via nella formazione dell'opinione di massa «penetrano… gli agenti dell'autorità, riducendo irrimediabilmente le possibilità degli individui di formarsi autonomamente un'opinione attraverso la discussione».

Il diritto costituzionale moderno deve quindi fare i conti con questo mezzo. Non solo perché alcuni candidati sono stati decisamente favoriti dal controllo dei mezzi televisivi, da Fujimori in Perù a Collor de Melle in Brasile a Berlusconi in Italia (ma può essere ricordato anche il fenomeno Ross Perot negli Usa) ma anche perché non va dimenticato che la televisione ha talvolta accresciuto gli spazi di libertà ma può anche comprimerli tagliandone le stesse radici. Per il primo aspetto basti pensare alle rivoluzioni dell'Est, di cui è stata causa non ultima la stessa comunicazione televisiva. Per il secondo aspetto mi limito a richiamare la nota riflessione di Carl Popper, filosofo al di sopra di ogni sospetto di illiberalità. Popper dice: «I ragazzi hanno bisogno nell'età della formazione di un ambiente favorevole alla loro crescita e alla lora formazione; questo ambiente non è più la famiglia, la scuola, la comunità; tende a diventare invece la scatola televisiva, la "cattiva maestra". Siccome questo non è possibile evitarlo, l'unica cosa da fare – conclude Popper – è controllare il messaggio televisivo». Come rispondiamo? Dobbiamo resistere con le antiche certezze o dobbiamo porci qualche inedito interrogativo?

*Ordinario di Diritto costituzionale alla facoltà di Giurisprudenza dell'Università di Bologna

2.14.5 Lontano dal dibattito internazionale

Una mancanza che va sicuramente imputata ai costituenti è senza dubbio quella di non aver parlato espressamente della libertà di informazione e dei suoi tre momenti giuridici così come si erano già venuti delineando nel diritto internazionale. Il riferimento è al diritto di informare (che rientra nel cosiddetto diritto dell'informazione, l'unico principio preso in esame nell'articolo 21), di informarsi e di essere informati (ossia il diritto all'informazione) così come emerge, per fare un esempio coevo alla Costituzione, dalla Dichiarazione internazionale dei diritti dell'uomo adottata dall'Onu.

L'articolo 19 recita tra l'altro: «Ogni individuo ha diritto... di cercare, ricevere e diffondere informazioni e idee attraverso ogni mezzo...». Proprio questa parte sancisce i tre momenti (attivo, passivo e intermedio) della libertà di informazione: cercare è sinonimo di informarsi; ricevere è il diritto di essere informati; diffondere implica il diritto di informare. Informarsi ed essere informati di solito vengono definiti ambedue passivi anche se alcuni tendono a distinguere il lato strettamente passivo del secondo rispetto a quello 'meno passivo' e quindi intermedio del primo momento.

Sono state la dottrina e la Corte Costituzionale ad aver rimediato a tale mancanza. Eppure «d'esame degli atti dell'Onu - scrive il Ruini - mostrano che la nozione di libertà di stampa, come l'avevano intesa il sette e l'ottocento si è slargata in più sensi; è diventata (logicamente) anche diritto di informazione e si è estesa ad ogni altro mezzo visuale ed auditivo di diffusione dell'informazione e dell'opinione. Alla salvaguardia della diffusione si è unita la protezione dell'attività che consiste nel raccogliere le informazioni e le opinioni...».

2.14.6 Libertà di pensiero, di stampa e di informazione

In questi sei comma, dunque, viene sancita espressamente la libertà di pensiero, meno quella di stampa e affatto quella di informazione. È stato necessario l'importante lavoro svolto dalla dottrina e dalla giurisprudenza per trovare il fondamento di questi diritti nell'articolo 21. La stampa - così come definita nella Costituzione - non pare un'entità autonoma, ma gode pienamente delle garanzie costituzionali in quanto indicativa dei mezzi per diffondere il pensiero. I giudici di Palazzo della Consulta con la sentenza 122 del 24 giugno 1970 affermano che la libertà di stampa soggiace agli stessi limiti che circoscrivono la libertà di manifestazione del pensiero. «Nell'articolo 21 è proclamato... l'istituto della stampa. Naturalmente, ammesso e sancito che le garanzie formali alla libertà di stampa, come tali, sono utile strumento per la libertà di manifestazione del pensiero, il concreto stampare, pubblicare e diffondere potrà risultare garantito indipendentemente dalla concreta prova che esso sia strumento di manifestazione del pensiero... (Per quanto riguarda gli altri mezzi) pare che non la mera attitudine alla diffusione, bensì il riconoscimento sociale di tale attitudine sia essenziale perché il mezzo goda della relativa garanzia costituzionale».[26]

La libertà di informazione nel corso del tempo viene fatta coincidere con la libertà di manifestazione del pensiero e viene tutelata sotto due aspetti. Da una parte quello sostanziale di natura contenutistica che indica ciò che si può liberamente dire; dall'altra quello strumentale legato ai mezzi di comunicazione che si possono adottare per diffondere il proprio pensiero o le proprie idee. Sul profilo contenutistico pone l'accento il Fois.

Secondo l'autore se non fosse possibile dedurre dall'ordinamento costituzionale quale sia il contenuto del diritto alla libera manifestazione del pensiero, e cioè in quali direzioni esso possa legittimamente esprimersi, e di quale natura siano i suoi limiti, non solo il suo riconoscimento risulterebbe privo di significato, ma anche la garanzia costituzionale accordata alle libertà strumentali verrebbe in gran parte svuotata di valore. Questa determinazione può essere ottenuta in via positiva, ossia stabilendo, in base ai principi che affermano la libertà, quali manifestazioni il singolo può legittimamente porre in essere.

In considerazione di ciò saranno legittime quelle manifestazioni del pensiero che rientrano nell'attività definita e riconosciuta libera nella norma costituzionale.[27] In realtà, al metodo positivo viene opposto da alcuni anche quello negativo che sfrutta il principio secondo il quale tutto ciò che non è vietato deve essere considerato accordato al singolo a titolo di libertà giuridica.

Secondo una parte della dottrina non esisterebbe alcun collegamento tra contenuto e mezzo. A suo avviso con il primo comma del 21 verrebbe sancita una situazione giuridica di uguaglianza dei cittadini ai quali è concessa la libertà individuale di manifestare il pensiero indipendentemente dal mezzo di comunicazione utilizzato. Su questo punto - come del resto su molti altri i pareri degli esperti non sono concordi, cosa del resto normale data la vastità dell'argomento - il Fois si dice contrario e ancora una volta conferma la sua idea di uguaglianza tra libertà di stampa e libertà di manifestazione del pensiero. «Il contenuto del pensiero manifestato - afferma l'autore - è in sede logica distinguibile dal mezzo attraverso il quale viene diffuso, ma è anche vero che nella concretezza del fenomeno, la distinzione scompare perché il contenuto di pensiero che viene manifestato è intrinsecamente condizionato dalla materialità del mezzo che lo diffonde, nonché dalle modalità dell'uso di questo... In sostanza cioè, può dirsi che il singolo è veramente libero di manifestare un dato contenuto di pensiero in quanto è libero di imprimere a tale manifestazione una individualità, un carattere ed un significato specifico attraverso la scelta del mezzo...».[28]

A tal proposito bisogna riconoscere come l'interdipendenza stretta tra mezzo e pensiero possa cedere il passo all'osmosi o - come la definisce il Barile - all'endiadi. Del resto i mezzi non ci sarebbero se non ci fosse nulla da comunicare e viceversa. Ed è innegabile che il pensiero assuma rilevanza giuridica solo se manifestato.

2.14.7 Corte, dottrina e libertà di informazione

Abbiamo appena detto del lungo e importante lavoro svolto dalla dottrina e dalla Corte Costituzionale. Grazie a loro, quindi, l'informazione ha trovato il posto che merita nel dettato costituzionale, è stata sancita la coincidenza tra libertà di informazione e libertà di espressione del pensiero e si è dato atto che l'articolo 21 si riferisce a tutti i mezzi e non solo alla carta stampata. Ha cominciato la dottrina rifacendosi al dibattito e ai documenti internazionali e ha proseguito la giurisprudenza costituzionale con un'opera di consolidamento del lavoro dottrinale.

I giudici di Palazzo della Consulta hanno innanzitutto spiegato l'importanza dell'articolo 21. In diverse sentenze (25/1965, 11/1968 e 98/1968, 105/1972, 94/1977) lo hanno definito coessenziale al regime di libertà garantito dalla Costituzione intendendo con questo sancire il ruolo di pietra angolare che esso riveste nella forma repubblicana e democratica. È con queste pronunce, secondo il Loiodice, che ne avrebbero messo in dubbio anche la sua categoria giuridica di diritto soggettivo.

Con le sentenze 25/1965, 18/1966 e 1, 16, 17, 18 del 1981 la libertà di cronaca, di cui parleremo meglio nel prossimo paragrafo, è stata inclusa in quella più ampia di espressione e le sono state estese le relative garanzie costituzionali. Mentre con le sentenze 105/1972, 225/1974 e 94/1977 è stato sancito l'interesse generale all'informazione con le relative garanzie offerte dall'articolo 21 ed è stata riconosciuta l'importanza della pluralità delle fonti, del libero accesso a queste e dell'assenza di ingiustificati ostacoli legali alla circolazione di idee e informazioni.

2.14.8 Cronaca, critica e informazione

Letteralmente cronaca sta per narrazione dei fatti sulla base di un mero criterio temporale. In quanto tale, implica la volontà di portare a conoscenza di altri determinate situazioni o avvenimenti. Per informazione si intende la conoscenza di fatti che vengono diffusi a terzi. In poche parole due termini per spiegare lo stesso concetto, ma su questo la dottrina non è concorde.

C'è chi ritiene informazione e cronaca legate al concetto di diffusione e quindi sancite e garantite da qualsiasi costituzione democratica e chi nega alla cronaca tale garanzia nonostante le sentenze della Corte Costituzionale 25/1965, 18/1966 e 1, 16, 17, 18 del 1981 così come detto nel paragrafo precedente. Da una parte Crisafulli che rifugge qualsiasi tentativo di riconoscere a questi due aspetti una tutela giuridico-costituzionale diversa, dall'altra Delitala.

La dottrina dominante propende per la prima definizione dato che il cronista quando scrive dei fatti, entra nel merito e attraverso la narrazione esprime anche il suo punto di vista. Tra il Crisafulli e il Delitala, Heinitz si avvicina di più al primo, propendendo così per la dottrina dominante. «La libertà di manifestare il proprio pensiero - spiega Heinitz - comprende in primo luogo il diritto di comunicare giudizi e opinioni, non semplici fatti. Chi riferisce soltanto su di un fatto, non estrinseca necessariamente un proprio pensiero. Non sussiste però una linea di demarcazione precisa tra la semplice relazione di fatti e la manifestazione di un pensiero. Giustamente è stato osservato che colui che riferisce un fatto, quanto meno esprime l'opinione che il fatto sia degno di rilievo; è poi generalmente noto che nella scelta dei fatti che si comunicano e nella maniera nella quale vengono comunicati, quasi sempre è contenuto anche un giudizio. È necessario però che colui che riferisce su fatti sia persuaso della verità dei fatti stessi; non può invocare il diritto fondamentale della libertà di pensiero chi riferisce su un preteso fatto consapevole che non corrisponde a verità».[29]

Nel tentativo di eliminare eventuali dubbi circa la validità della dottrina prevalente il Fois cerca nella Costituzione e nell'articolo 21 in particolare la legittimità costituzionale della cronaca. «Non ci sembra si possano trovare ragioni plausibili capaci di dimostrare che la cronaca non è compresa nella manifestazione del pensiero quale è delineata dall'articolo 21 - scrive - Inoltre che la cronaca debba a tutti gli effetti essere considerata manifestazione del pensiero è provato dal fatto che l'articolo 21 - al suo secondo comma - garantisce in modo particolare la stampa quale mezzo di libera diffusione del pensiero e di più, al quarto comma si occupa specificamente della stampa periodica che si può dire che vive di cronaca... La suddetta distinzione non può neppure basarsi sul fatto che la norma costituzionale parli di "proprio pensiero". Chi manifesta il pensiero altro non può fare se non esprimere il proprio pensiero, nel senso che, da un punto di vista giuridico, il pensiero è proprio di chi lo manifesta anche se questi riporta il pensiero di un altro... Una volta dimostrato che la cronaca deve considerarsi compresa a tutti gli effetti nell'ambito della manifestazione del pensiero, è logico affermare che il problema dei limiti della cronaca deve essere risolto con gli stessi criteri».[30]

Con la diffusione delle notizie viene identificato il diritto di cronaca o jus narrandi; con la manifestazione delle opinioni quello di critica. Una massima del giornalismo anglosassone impone la separazione tra notizie e opinioni, ma non sempre questo è facile. Quando si compone un giornale, infatti, bisogna scegliere quali notizie dare e con quale enfasi e già questa scelta è frutto di un'opinione, quella del direttore o del redattore.

«Difatti, espressione del pensiero e narrazione dei fatti costituiscono un unicum che acquisisce, però, valenze giuridiche diverse a seconda che sia oggetto di manifestazioni individuali oppure dell'attività dei mezzi di comunicazione di massa - scrive Chiola - Libertà, nel primo caso, e diritto di informare, nell'altro, nell'interesse della collettività ad acquisire notizie».[31]

Ma lo stesso autore non esclude una eventuale distinzione: «La concezione che nega in concreto la possibilità di distinguere le opinioni dalle notizie finisce per ignorare l'esistenza di una problematica peculiare dell'informazione». A tal proposito, infatti, c'è chi distingue la libertà di informazione in "senso largo" riconoscendo nel concetto la libertà di divulgare fatti e opinioni con qualsiasi mezzo di comunicazione da quella in "senso stretto" riferendosi solo alla libertà di cronaca.[32]

Anche il diritto di cronaca va esercitato entro limiti oggettivi tracciati dalla logica concettuale (ossia l'obbligo di narrare fatti veri o soggettivamente veri) e dall'ordinamento positivo (sono i limiti imposti dal legislatore ordinario e che non possono essere in contrasto con i principi costituzionali. In questo ambito c'è la legge civile che tutela il diritto all'immagine e quella penale che punisce la diffamazione a mezzo stampa).

Cronaca nera e libertà di stampa fra storia e politica in Italia

Usata come "arma", spettacolo, ma anche grimaldello per forzare segreti di Stato
di Claudio Santini*

I giornali italiani grondano cronaca nera e l'affermazione – se non bastasse l'evidenza – è sorretta anche da un'inchiesta fatta, qualche anno fa, dagli allievi della scuola elementare Bruno Ciari di Cocomaro di Cona di Ferrara. I ragazzi hanno analizzato tre mesi di "civette" del Carlino e della Nuova Ferrara e hanno rilevato che sul primo giornale i richiami di nera sono stati 158, sul secondo 187. Complessivamente i vocaboli "morto, morta, morti, morire" sono comparsi 86 volte; "ucciso, uccisa" 26. Frequentissimo anche il ripetersi di "grave e gravissimo, rapinato e rapinati".

È questo un caso limite? Certamente no, anzi quasi la regola. Allora pare opportuno interrogarci sul perché, cominciando dalla riflessione sulla malia del male e sull'accostamento dei concetti di bellezza e di orrore fatta dal Romanticismo che ha diffuso pure il falso mito dell'"onorevole malfattore". Shelley, Schiller, Byron, soprattutto i fratelli Grimm le cui famose favole - impropriamente ritenute per bambini - sono l'apoteosi dell'orrore più orrido e della nera più nera. In Italia però la sola chiave psicologica, psicoanalitica e letteraria non è sufficiente a introdurci, con cognizione piena, in un contesto che ha marcatissime connotazioni storiche che partono dall'abbuffata di sangue, sesso e morte, fatta dai giornali, in inizio Novecento, col delitto Murri e finita, nel 1924, con la riforma fascista delle legge sulla stampa, dopo l'ultimo, soffocato, grido di libertà di cronaca col delitto Matteotti.

I mezzi di informazione devono osservare la linea politica mussoliniana dell'ordine, della normalizzazione, dell'insegnamento al fascismo: traguardi da raggiungere anche con il progressivo allontanamento dall'eccitazione diseducativa esercitata dalla cronaca nera. A Roma, però, stanno accadendo delitti di fortissimo impatto sull'opinione pubblica. Dal 1924 al 1927 quattro bambine sono rapite e violentate da un bruto e le cronache non possono tacere nemmeno l'inefficacia dell'azione investigativa della polizia. Occorre trovare il colpevole, o almeno un colpevole, che è additato in Gino Girolimoni, 38 anni, mediatore, celibe.

L'Agenzia Stefani annuncia: «Le incessanti, febbrili indagini per la scoperta degli assassini delle bambine, sono state coronate da pieno successo»; e ancora più trionfale è L'Impero, quotidiano romano, d'ispirazione futurista-fascista. Udite, udite. «Ancora una volta la volontà del Duce, personalmente e recisamente manifestata, ha trovata tenaci e fedeli esecutori. Dal giorno in cui Benito Mussolini, rabbrividendo nelle più profonde fibre del suo tenerissimo cuore di padre, disse: "Voglio che l'immondo bruto venga arrestato", tutti ebbero la convinzione assoluta, incrollabile, che il mostro non sarebbe sfuggito alle maglie della rete, e tutti attesero fiduciosi, senza impazienza, senza commenti, che il comandamento del Duce venisse eseguito…».

Un anno dopo la Sezione d'accusa della Corte d'appello di Roma chiude l'istruttoria a carico di Girolimoni con l'assoluzione per non aver commesso i delitti e la notizia finisce a una colonna solo sulle pagine interne di alcuni giornali. Il 10 ottobre 1928 Mussolini convoca a Palazzo Chigi i direttori dei giornali e dice loro: «Non rendono servizio al Regime coloro i quali danno spazio eccessivo alla cronaca nera…Tutto ciò è diseducativo. Tutto ciò è giornalismo vecchio regime. È necessario che il giornalismo nuovo regime, cioè fascista, si disincagli da queste posizioni mentali e muova alla ricerca e all'illustrazione di tutti gli altri vari e grandi aspetti e problemi della vita degli individui e della vita di un popolo. La cronaca nera deve essere lasciata ai commissari verbalizzanti delle Questure, salvo i casi speciali nei quali l'interesse umano o sociale o politico sia prevalente».

La nuova linea è tracciata: via dai giornali i resoconti di eventi criminali, se non a fini strumentali per il Regime, com'è accaduto con Girolimoni. Ai direttori il dovere di adeguarsi per non incorrere nelle sospensioni che possono essere inflitte dai Prefetti con decadenza dall'incarico e dallo stipendio.

I mezzi di comunicazione diventano il falso specchio di una società rappresentata secondo le disposizioni impartite prima dall' Ufficio stampa della Presidenza del Consiglio, dalle Questure, dalle Prefetture, poi, dal 1937, dal Ministero della Cultura Popolare. Gli ordini su ciò che può e deve essere comunicato e ciò che deve essere taciuto sono trasmesse su fogli battuti a macchina in molte copie, su carta necessariamente sottile, a velo: da qui il termine "veline".

I divieti assoluti sono per i personaggi sgraditi («Non fare il nome di Einstein qualunque cosa egli faccia»), per le notizie che evidenziano disservizi («È fatto assoluto divieto di pubblicare commenti o critiche sull' affollamento dei mezzi di trasporto urbano»), per espressioni che potrebbero prestarsi al sia pur velato e indiretto auspicio di tempi migliori («Non fare alcun riferimento alle frasi simboliche riguardanti la primavera, il bel tempo ecc.»). Solo un accenno («massimo dieci righe») a un fattaccio del quale molti italiani parlano con curiosità quasi morbosa: una donna, a Correggio di Reggio Emilia, ha ucciso tre persone con la scure, ha smembrato i corpi delle vittime e ha fatto sparire i resti dissolvendoli con acqua e soda caustica.

È accaduto nel 1939, l'arresto di Leonarda Cianciulli è stato fatto nel 1941, ma i primi resoconti dettagliati sulla "saponificatrice" sono del 1945-46, alla vigilia del processo pubblico in Corte d'Assise. Il fascismo è caduto è c'è voglia di apprendere ciò che la dittatura aveva vietato di conoscere e la "fame di cronaca" si individua chiaramente in un articolo del Corriere lombardo del luglio 1946. «Diciamo la verità – scrive il quotidiano milanese – restaurata la libertà di stampa, dopo 22 anni di bavaglio, sembrò dapprima che tutti gli altri giornali la sapessero godere esclusivamente sul piano politico….Ma la libertà di stampa non significa solo poter dire le proprie opinioni, poter gridare evviva e abbasso! Vuol dire anche poter raccontare i fatti con sincera schiettezza…».

Raccontare i fatti, riferire anche gli aspetti negativi della società: questa è l'aspirazione del nuovo giornalismo che equipara il diritto di cronaca alla libertà di stampa e si impadronisce prima del caso Cianciulli poi del delitto di via San Gregorio a Milano (una donna uccisa coi suoi tre figli dall' amante del marito) infine della vicenda di Pia Bellentani (la contessa che ha ammazzato l'amante davanti al bel mondo riunito a Villa d'Este a Cernobbio). È il ritorno trionfante della "nera" raccontata da cronisti come Dino Buzzati e Vitaliano Brancati che spesso conferiscono alla crudezza degli eventi il distacco della scrittura quasi letteraria.

Non c'è però solo "il racconto", ma anche l'indagine. Il 6 luglio del 1950 i giornali pubblicano: «Quattro carabinieri nel cuor della notte affrontano e uccidono Giuliano dopo mezz'ora di fuoco» e sull'onda di questa prima notizia va in Sicilia Tommaso Besozzi, inviato dell'Europeo. La ricostruzione fornita alla stampa non lo convince, le testimonianze raccolte e l'esame accurato delle foto del cadavere gli fanno nascere stringenti interrogativi. Perché i carabinieri, diversi minuti prima della sparatoria, hanno allontanato il garzone di un fornaio dal cortile dove nessuno poteva immaginate che Giuliano, in fuga, sarebbe poi entrato? E come mai la canottiera del bandito ucciso, e rimasto a terra supino, è macchiata di sangue sulla schiena? Così il titolo del pezzo di Besozzi dice: «Di sicuro c'è solo che è morto». La verità ufficiale è messa in dubbio e smascherata come "paravento di Stato". Le veline possono essere non solo ignorate ma confutate.

Passano tre anni e l'11 aprile del 1953 il cadavere di una ragazza di 21 anni, Wilma Montesi, è trovato sulla spiaggia di Tor Vajanica. Gli inquirenti parlano di malore, con conseguente annegamento in poche spanne d'acqua, ma alcuni giornali (per primo il Merlo Giallo) sospettano che il corpo sia stato trasportato sull'arenile dopo un "festino" al quale hanno partecipato persone altolocate e anche il figlio di un noto politico. È il momento elettorale che vedrà il naufragio del premio di maggioranza ("legge truffa") e l'inizio del declino di De Gasperi che è bocciato dalla Camera il 28 luglio.

Lo statista ha un naturale successore interno in Attilio Piccioni e proprio il figlio del Delfino, Piero, è coinvolto pesantemente nell'affare Montesi. È un vero terremoto politico che ha come epicentro le cronache di alcuni giornali. La "nera" si unisce alla "giudiziaria" e la miscela giornalistica fa fuochi d'artificio per quattro anni, finché il processo del 1957, a Venezia, si conclude con l'assoluzione di tutti gli imputati, Piero Piccioni compreso. Un niente di rilevante, dunque, per la giustizia, ma una vera rivoluzione politica: Attilio Piccioni ha dovuto ritirarsi, Mario Scelba, già ministro dell'Interno, è diventato presidente del Consiglio, Amintore Fanfani è arrivato alla segreteria Dc.

Intanto, dal 1954, trasmette regolarmente anche la televisione che è particolarmente parsimoniosa nelle notizie di cronaca nera. Gli italiani non devono essere turbati ed eccitati dagli eventi criminali, a loro basta di essere informati, educati, divertiti, con "Arrivi e partenze" di Mike Buongiorno, le "Avventure della scienza" di Enrico Medi, il "Dottore Antonio" con Corrado Pani, l' "Un, due, tre" di Tognazzi e Vianello...

Ma il 10 ottobre del 1956 due fratelli irrompono nella scuola di Terrazzano, sequestrano 92 bambini e due maestre, chiedono di parlare per radio e di essere ripresi dalla televisione. La grande scena del piccolo schermo si apre per "salvare gli ostaggi". Venticinque anni dopo, nel 1981, diventerà macchina da spettacolo con la diretta, a reti unificate, del tentativo di recupero di un bambino caduto in un pozzo a Vernicino. Diciotto ore consecutive di trasmissione portano davanti alla tivù ventotto milioni e mezzo di spettatori. La cronaca nera come spettacolo, dopo essere stata arma politica, grimaldello per forzare i segreti di Stato, sinonimo di libertà di stampa: ce n'è a sufficienza per assegnarle un posto di grande rilievo non solo nel giornalismo, ma nella storia, nella politica, nel costume in Italia. Non tutto - e non sempre - è però di così rivelante profilo: specie quando il raccontare gli eventi luttuosi, criminali, giudiziari, è considerato un semplice prodotto editoriale per riempire le pagine. Allora rivela caratteristiche meno nobili che ci sembra doveroso indicare, con un'ombra di vergogna. È di richiamo e di impatto emozionale garantiti, per la malia che esercita, quindi "ci deve essere perché fa indice di gradimento".

È a costo di produzione basso perché legato talora a un "giro solo col telefono" fatto da un collaboratore che conosce appena la regola del "chi, cosa, come, dove, quando, perché". È, infine, garantito più di altri perché acquisibile da una fonte ufficiale complice che parla – anche se ha l'obbligo di non farlo – o per avvalorare la propria tesi attraverso i media o per gioire dalla citazione pubblica del proprio ufficio e del proprio nome.

*Membro dell'esecutivo dell'Ordine nazionale dei giornalisti

2.14.8.1 Cronaca e segreto professionale dei giornalisti

Il diritto di cronaca, o jus narrandi, per essere esercitato, deve essere garantito dal segreto professionale che permette al giornalista di non "bruciare" o comunque di non mettere a repentaglio le proprie fonti che gli passano le notizie. Nel nostro ordinamento questo principio viene tutelato con l'articolo 622 del Codice penale che punisce la rivelazione di tale segreto, oltre che con l'articolo 2 (comma 3) della legge professionale 69/1963, che dice che i giornalisti «sono tenuti a rispettare il segreto professionale sulla fonte delle notizie, quando ciò sia richiesto dal carattere fiduciario di esse» e con l'articolo 13 (V comma) della legge sulla privacy che afferma: «Restano ferme le norme sul segreto professionale degli esercenti la professione di giornalista, limitatamente alla fonte della notizia».

Il rispetto della segretezza della fonte fiduciaria della notizia, però, non appare assoluto. L'articolo 200 del Codice di procedura penale, infatti, stabilisce che il giornalista può opporre il segreto professionale sui nomi delle persone dalle quali egli ha avuto notizie di carattere fiduciario nell'esercizio della professione. Tuttavia se le notizie sono indispensabili ai fini della prova del reato per cui si procede e la loro veridicità può essere accertata soltanto attraverso l'identificazione della fonte della notizia, il giudice ordina al giornalista di indicare colui che gli ha passato le informazioni.

A rendere tale ordine meno perentorio, delimitando in maniera precisa i casi in cui si può ricorrere a tale imposizione e dando pienezza al segreto professionale, ci ha pensato la Corte dei diritti dell'uomo di Strasburgo che, con la sentenza del 27 marzo 1996 che vedeva contrapposti il giornalista inglese William Goodwin e il Regno Unito, ha dato un'interpretazione più precisa dell'articolo 10 della Convenzione europea per la salvaguardia dei diritti dell'uomo e delle libertà fondamentali firmata a Roma il 4 novembre 1950 e ratificata in Italia con la legge 4 agosto 1955 numero 848.

William Goodwin aveva ricevuto da una fonte fidata e attendibile alcune informazioni su una società di programmi elettronici (la Tetra Ltd) dalle quali emergeva che l'azienda aveva contratto numerosi debiti e vertiginose perdite. La società Tetra per evitare i danni che sarebbero potuti derivarle dalla divulgazione di tali notizie presentò all'Alta corte di giustizia inglese un ricorso con il quale non solo chiedeva che fosse vietata la pubblicazione dell'articolo in questione, ma chiedeva altresì che il giornalista fosse condannato a rivelare la fonte delle informazioni ricevute per evitare nuove fughe di notizie.

Le richieste della Tetra furono accolte sia dall'Alta corte che dalla Corte d'Appello perché a loro avviso il diritto alla protezione delle fonti giornalistiche ben può essere limitato «nell'interesse della giustizia, della sicurezza nazionale nonché a fini di prevenzione di disordini o di delitti». Per non "bruciare" la propria fonte, però, il giornalista non eseguì l'ordine dei giudici e presentò ricorso alla Corte europea dei diritti dell'uomo denunciando la violazione dell'articolo 10 della Convenzione.

La Corte di Strasburgo, con tale sentenza, muovendo dal principio che ad ogni giornalista deve essere riconosciuto il diritto di ricercare le notizie, ha ritenuto che per esercitare tale principio è fondamentale riconoscere il diritto alla protezione delle fonti giornalistiche che in assenza di tale protezione potrebbero non fornire notizie importanti al giornalista.

A rafforzare ancor più tale diritto c'è un'altra sentenza della quarta sezione della Corte europea dei diritti dell'uomo del 25 febbraio 2003 (Procedimento numero 51772/99) che afferma: «La libertà d'espressione costituisce uno dei fondamenti essenziali di una società democratica, e le garanzie da concedere alla stampa rivestono un'importanza particolare. La protezione delle fonti giornalistiche è uno dei pilastri della libertà di stampa. L'assenza di una tale protezione potrebbe dissuadere le fonti giornalistiche dall'aiutare la stampa a informare il pubblico su questioni d'interesse generale. Di conseguenza, la stampa potrebbe essere meno in grado di svolgere il suo ruolo indispensabile di "cane da guardia" e il suo atteggiamento nel fornire informazioni precise e affidabili potrebbe risultare ridotto».

I protagonisti di quest'altra vicenda da cui è scaturita la sentenza sono il giornalista Robert Roemen e l'avvocato Anne-Marie Schmit, entrambi lussemburghesi, che hanno citato in giudizio davanti alla Corte europea dei diritti dell'uomo proprio il loro paese. Il 21 luglio 1998, Robert Roemen ha pubblicato un articolo intitolato «Il ministro W. accusato di frode fiscale» sul quotidiano "Lëtzëbuerger Journal" in cui spiegava il fatto.

La reazione del ministro ha spinto i giudici a ordinare la perquisizione degli studi e degli uffici del giornalista e dell'avvocato per cercare di trovare indizi utili all'identificazione di coloro che avevano dato la dritta al cronista. Nella sentenza si legge ancora: «La

Corte giudica che delle perquisizioni aventi per oggetto di scoprire la fonte di un giornalista costituiscono - anche se restano senza risultato - un'azione più grave dell'intimazione di divulgare l'identità della fonte. Infatti, gli inquirenti che, muniti di un mandato di perquisizione, sorprendono un giornalista nel suo luogo di lavoro, detengono poteri d'indagine estremamente ampi poiché, per definizione, possono accedere a tutta la documentazione in possesso del giornalista.

La Corte è quindi del parere che le perquisizioni effettuate presso l'attore (leggi il giornalista, ndr) erano ancora più lesive nei confronti della protezione delle fonti di quelle adottate nel caso Goodwin. In considerazione di quanto precede, la Corte giunge alla conclusione che il Governo non ha dimostrato che l'equilibrio degli interessi in oggetto, vale a dire, da un lato, la protezione delle fonti e, dall'altro, la prevenzione e repressione dei reati, sia stato salvaguardato.

A tale scopo rammenta che le considerazioni di cui devono tenere conto le istituzioni della Convenzione per esercitare il loro controllo nell'ambito del paragrafo 2 dell'articolo 10 fanno pendere la bilancia degli interessi in oggetto in favore di quello della difesa della libertà di stampa in una società democratica».

Sulla perquisizione dello studio legale, invece, la Corte ha riconosciuto che «il mandato di perquisizione concedeva quindi agli inquirenti dei poteri piuttosto estesi». E dato che la Corte era del parere che lo scopo della perquisizione era di svelare la fonte del giornalista ha aggiunto: «Di conseguenza, la perquisizione della scrivania dell'avvocato ha avuto una ripercussione sui diritti garantiti al giornalista dall'articolo 10 della Convenzione. La Corte giudica peraltro che la perquisizione della scrivania è stata sproporzionata rispetto allo scopo previsto, sostanzialmente tenendo conto della rapidità con cui è stata effettuata».

A tutelare le fonti giornalistiche ci pensa anche la Raccomandazione numero 7 del Consiglio d'Europa adottata l'8 marzo 2000 durante la 701° riunione dei delegati dei ministri degli esteri dei 41 paesi membri del Consiglio: «Il diritto dei giornalisti di non divulgare le informazioni identificanti una fonte non deve essere oggetto di altre restrizioni oltre a quelle menzionate all'articolo 10, paragrafo 2 della Convenzione. Nel determinare se un interesse legittimo alla divulgazione - rientrante nel campo dell'articolo 10, paragrafo 2, della Convenzione - sopravanza l'interesse pubblico a non divulgare le informazioni identificanti una fonte, le autorità competenti degli Stati membri porranno un'attenzione particolare all'importanza del diritto di non-divulgazione e alla preminenza che gli è data nella giurisprudenza della Corte europea dei diritti dell'uomo». Secondo tale Raccomandazione, inoltre, devono essere vietati il sequestro di documenti giornalistici, le perquisizioni effettuate nella sede di lavoro dei giornalisti o le intercettazioni delle loro comunicazioni salvo nei casi di "espressa necessità" che giustificherebbero tali restrizioni alla libertà.

Il testo, infine, rinvia proprio ai principi indicati nella sentenza della Corte europea dei diritti dell'uomo sul caso del giornalista britannico William Goodwin. Anche se i principi sanciti da queste due sentenze e dalla Raccomandazione del Consiglio d'Europa sono abbastanza espliciti e paiono propendere verso un riconoscimento e una salvaguardia pieni del diritto di cronaca – così come si evince pure dalle sentenze della Corte Costituzionale di cui si parla nel paragrafo 2.14.7 – non bisogna dimenticare che dei limiti, seppure molto circostanziati, a tale diritto comunque esistono.

Per esempio, all'articolo 19, paragrafo 2, del Patto internazionale sui diritti civili e politici del 16 dicembre 1966 (reso esecutivo in Italia con la legge 25 ottobre 1977, numero 881) si afferma che le uniche restrizioni ammesse «devono essere espressamente stabilite dalla legge ed essere necessarie al rispetto dei diritti o della reputazione altrui e alla salvaguardia della sicurezza nazionale, dell'ordine pubblico, della sanità o della morale pubblica». Per restare in Italia, invece, si può fare riferimento a quanto scritto sull'argomento nel paragrafo 2.14.13.

I giornalisti nella Costituzione
Proposta di modifica dell'articolo 21
di Francesco Abruzzo*

L'Italia presenta anomalie uniche, rispetto agli altri Paesi liberal-democratici occidentali, nel campo dell'informazione radiotelevisiva e cartacea. In nessun Paese, il Parlamento ha poteri diretti su tre reti televisive (controllate dal punto di vista azionario dal Ministero dell'Economia e, quindi, dal governo) e in nessun Paese un soggetto privato, oggi con un rilevante ruolo pubblico come presidente del Consiglio dei ministri, controlla tre reti televisive.

In effetti oggi all'uomo di Palazzo Chigi fanno capo le sei principali reti televisive del Paese. Va precisato al riguardo che i cinque membri del consiglio di amministrazione della società, la Rai, che gestisce le tre reti pubbliche, vengono nominati dai presidenti del Senato e della Camera, eletti dalla maggioranza parlamentare che sorregge il presidente del Consiglio dei ministri e il suo governo.

Anche la carta stampata è saldamente controllata, salvo poche eccezioni, da persone che hanno i loro interessi principali in altri settori dell'economia. La storia italiana del giornalismo, sin dalle origini dello Stato unitario, mostra un intreccio perverso tra industria, politica e stampa. Spesso i giornali e i giornalisti hanno combattuto e combattono battaglie per conto di terzi e qualche volta in nome di interessi tenuti sotto traccia.

Frattanto la Corte costituzionale ha elaborato un nuovo fondamentale principio, quello dei cittadini titolari del diritto all'informazione, una informazione che deve essere "completa, corretta, aperta al dibattito tra le varie correnti ideali della politica, del mondo religioso e della cultura". I giornalisti più attenti ripetono che "i padroni dei giornali" sono i cittadini-lettori, che ogni mattina acquistano i giornali. Retorica? Probabilmente sì. L'autonomia e l'indipendenza dei giornalisti suonano, però, e sempre più spesso, come parole vuote. È un fatto indubbio. Come rendere davvero efficaci e concrete l'autonomia e l'indipendenza dei giornalisti di fronte alla potenza degli editori, che ormai sono accampati dovunque, dalle redazioni a Palazzo Chigi?

Bisogna, secondo me, ampliare l'articolo 21 della Costituzione, riprendendo il discorso interrotto nel 1947 durante i lavori dell'Assemblea costituente, e calare nella carta fondamentale alcuni principi afferranti dalla "Convenzione europea per la salvaguardia dei diritti dell'uomo" e da alcune sentenze della Corte costituzionale. In particolare i passaggi da recuperare sono tre:

a. «Ogni persona ha diritto alla libertà di espressione e questo diritto comprende la libertà di opinione e la libertà di ricevere o di comunicare informazioni o idee senza che vi possa essere interferenza di pubbliche autorità». È l'articolo 10 della "Convenzione europea per la salvaguardia dei diritti dell'uomo e delle libertà fondamentali" (legge 4 agosto 1955 n. 848) che tutela, nella lettura della sentenza Goodwin della Corte di Strasburgo, la libertà dei giornalisti di ricevere e di stampare notizie e commenti nonché il loro segreto professionale.

b. «Il pluralismo, l'obiettività, la completezza e l'imparzialità dell'informazione; il diritto dei cittadini all'informazione e l'apertura alle diverse opinioni, tendenze politiche, sociali, culturali e religiose rappresentano i princìpi fondamentali del sistema dei media». Tale principio - elaborato dalla Corte costituzionale, figura nell'articolo 1 (II comma) della legge 6 agosto 1990 n. 223 e nell'articolo 1 (II comma) della legge 14 aprile 1975 n. 103 - garantisce la "missione" del libero giornalista. Il giornalista rispetta in sostanza il decoro e la dignità della professione nella misura in cui impronta, senza cedimenti, la sua attività alla libertà di informazione e di critica (sentenza 11/19698 della Corte costituzionale).

c. «I giornalisti sono soggetti soltanto alla deontologia professionale. La legge regola l'autonomia, l'indipendenza e la formazione di chi esercita la professione giornalistica». Questo assunto richiama gli articoli 101, 102 e 104 dedicati all'autonomia e all'indipendenza dei magistrati. Anche i giornalisti, come i magistrati, devono essere e apparire indipendenti e corretti e soprattutto devono avere alle spalle un percorso universitario di formazione ad hoc quale la laurea biennale specialistica in giornalismo.

L'ampliamento dell'articolo 21 servirebbe anche a delineare il ruolo di editori e giornalisti: i primi rischiano i capitali, assumendo la gestione dei giornali, e i secondi sarebbero liberi di servire i lettori fornendo un'informazione completa e corretta, garantendo quel minimo di obiettività descritto da Umberto Eco tanti anni fa: pubblicando tutte le versioni esistenti su un determinato fatto e anche "opinioni" contrastanti con la linea editoriale del giornale, operando da "storici dell'istante o del presente" (con il ritorno delle inchieste sui problemi scottanti del momento e non nascondendo le notizie scomode), lontani dalla politica e dagli interessi economici di questo o quel potentato. Sogno? Perché non provare?

Il nuovo articolo 21 della Costituzione: «Tutti hanno diritto di manifestare liberamente il proprio pensiero con la parola, lo scritto e ogni altro mezzo di diffusione; Ogni persona ha diritto alla libertà di espressione e questo diritto comprende la libertà di opinione e la libertà di ricevere o di comunicare informazioni o idee senza che vi possa essere interferenza di pubbliche autorità (1); La stampa non può essere soggetta ad autorizzazioni o censure; Il pluralismo, l'obiettività, la completezza e l'imparzialità dell'informazione; il diritto dei cittadini all'informazione e l'apertura alle diverse opinioni, tendenze politiche, sociali, culturali e religiose rappresentano i princìpi fondamentali del sistema dei media (2); I giornalisti sono soggetti soltanto alla deontologia professionale.

La legge regola l'autonomia, l'indipendenza e la formazione di chi esercita la professione giornalistica (3); Si può procedere a sequestro soltanto per atto motivato dell'autorità giudiziaria nel caso di delitti, per i quali la legge sulla stampa espressamente lo autorizzi, o nel caso di violazione delle norme che la legge stessa prescriva per l'indicazione dei responsabili; In tali casi, quando vi sia assoluta urgenza e non sia possibile il tempestivo intervento dell'autorità giudiziaria, il sequestro della stampa periodica può essere eseguito da ufficiali di polizia giudiziaria, che devono immediatamente, e non mai oltre ventiquattro ore, fare denunzia all'autorità giudiziaria.

Se questa non lo convalida nelle ventiquattro ore successive, il sequestro s'intende revocato e privo d'ogni effetto; La legge può stabilire, con norme di carattere generale, che siano resi noti i mezzi di finanziamento della stampa periodica; Sono vietate le pubblicazioni a stampa, gli spettacoli e tutte le altre manifestazioni contrarie al buon costume. La legge stabilisce provvedimenti adeguati a prevenire e a reprimere le violazioni».

Note

1. Articolo 10 della "Convenzione europea per la salvaguardia dei diritti dell'uomo e delle libertà fondamentali" (legge 4 agosto 1955 n. 848).

2. Articolo 1 (II comma) della legge 6 agosto 1990 n. 223 e

articolo 1 (II comma) della legge 14 aprile 1975 n. 103

3. Questo comma richiama gli articoli 101, 102 e 104 di questa Costituzione.

*Presidente dell'Ordine dei giornalisti della Lombardia

*Presidente dell'Ordine dei giornalisti della Lombardia

2.14.9 Né autorizzazioni né censure

Il secondo comma parla chiaro: la stampa - intesa, lo ripetiamo, come sistema dei mass media - non può essere soggetta ad autorizzazioni (permessi preventivi) o censure (interventi successivi alla composizione dello stampato, ma precedenti alla sua diffusione). In poche parole, nessuna autorità può sindacare il contenuto di quanto si vuole diffondere. Se quanto reso manifesto dovesse rivelarsi contrario ai limiti costituzionali, la magistratura potrà solo ricorrere al sequestro. Nella costruzione di questo comma, il costituente usa espressamente il plurale (parlando di autorizzazioni e censure) a specificare che il divieto costituzionale va inteso in senso lato escludendo per questo discriminazioni tra censure e autorizzazioni. «Il divieto costituzionale - afferma il Fois - è rivolto contro ogni misura che implichi il potere di impedire una data pubblicazione in base ad un controllo sul contenuto di questa».[33]

Questi due divieti (autorizzazioni e censure) contenuti nel secondo comma consentono, secondo il Chiola, di impedire ogni intervento della pubblica amministrazione sulla stampa periodica, sia in ordine all'esistenza del diritto (autorizzazioni) che all'esercizio del medesimo (censure), per riservarlo (terzo e quarto comma) all'autorità giudiziaria a garanzia della specifica funzione svolta dalla stampa periodica.[34]

Sull'applicazione di questo principio alla pubblicità ci sono state parecchie divergenze. La stessa Corte Costituzionale è caduta in contraddizione in più di un'occasione. Dapprima ha affermato che nella stampa di pubblicità economica ha rilievo solo il suo contenuto e per questo, dovendosi considerare come espressione di attività economica, va disciplinata secondo l'articolo 41 e non il 21 della Costituzione. La conseguenza è che questo tipo di stampa può essere soggetta a controlli preventivi.

In altre sentenze, però, (la 32 del 26 gennaio 1957 e la 38 del 24 giugno 1961) si è espressa in maniera opposta affermando che l'articolo 41 si può applicare solo alle attività di diffusione e non al prodotto o contenuto di tali attività. Su questo punto la dottrina afferma che «gli strumenti di controllo connessi all'esercizio dell'iniziativa economica privata sono applicabili solo all'attività economica in sé considerata, ma non al contenuto ove questo si identifichi nell'esercizio di una libertà fondamentale».

Da ciò si deduce, quindi, che anche gli stampati pubblicitari di natura economica vanno assoggettati all'articolo 21 e non al 41. E, come afferma Fois, «l'istituto della stampa obiettivamente considerato deve considerarsi garantito indipendentemente dalla concreta prova che esso sia manifestazione del pensiero».[35]

2.14.10 Il sequestro

Dopo avere eliminato censure e autorizzazioni, al terzo comma viene specificato l'unico mezzo a disposizione dell'autorità giudiziaria per intervenire nel settore: è l'istituto del sequestro che può disporre solo il giudice con atto motivato. Spetta, quindi, alla magistratura la tutela versus i mass media degli altri diritti. Con l'Editto Albertino era stato introdotto il giurì popolare, con la nostra Carta, invece, si parla di giudice naturale. Nel tentativo di evitare abusi, l'apposizione del sequestro viene seguita da una duplice riserva.

Quella di giurisdizione prevede che il sequestro possa essere eseguito solo per atto motivato dell'autorità giudiziaria. Questa riserva può essere disattesa nel caso della stampa periodica ma solo se c'è assoluta urgenza e se l'autorità giudiziaria è impossibilitata a intervenire tempestivamente. La seconda riserva è quella di legge. Si tratta di una riserva assoluta perché solo la legge sulla stampa può fissare i limiti all'esercizio del diritto di manifestazione del pensiero.

L'accettazione dell'istituto del sequestro non è stata affatto unanime e scevra da dure polemiche. La discussione maggiore verte sui sequestri preventivi o pregiudiziali. Finché si tratta, a pubblicazione avvenuta, di liquidare i danni e infliggere le condanne, il sequestro è una pena che rientra nella sentenza. Secondo Ruini, il problema sorge quando si decide se il magistrato possa intervenire prima e se con ciò si compia atto di prevenzione o di repressione. «Siamo nella cosiddetta zona intermedia e mista... Più ancora che in un'analisi teorica se il reato si sia consumato o no, il dissenso consiste nel fatto che si trovano di fronte due realtà che furono l'una e l'altra lumeggiate alla Costituente.

Si diceva da un lato che "se si sequestrano le copie di un giornale prima che escano e poi nel corso del giudizio si riconosce che il sequestro era ingiustificato, è passato del tempo e il giornale non può più essere messo in circolazione; tutto è finito ed il bavaglio ha funzionato; l'arbitrio ed il danno sono irreparabili". A questo si opponeva l'osservazione che "se si consente che esca un giornale e predichi l'insurrezione e la rivolta, si lascia libero corso ad una valanga che può essere distruttiva"».

Ma la diatriba risulta maggiormente accesa non tanto sul sequestro giudiziario per opera dell'autorità giudiziaria, quanto per il sequestro di polizia «dietro il quale si crede che agisca la volontà ed il proposito dell'autorità politica. Questo non è il presupposto logico dell'articolo 21 che pone come caposaldo l'intervento diretto e immediato dell'autorità giudiziaria cui compete il provvedimento motivato di sequestro...».[36]

I dubbi o le perplessità su questo punto sono destinate quasi sicuramente a rimanere immutati dato che, secondo il Chiola, il sequestro sembra essere stato configurato come misura dettata dall'esigenza di garantirsi da una pericolosità oggettiva dello stampato e quindi in funzione di prevenzione e non di repressione. Da ciò deriverebbe che i comma 2, 3 e 4 hanno per oggetto la stampa periodica; che il 2° vieta l'intervento della pubblica amministrazione e il 3° e il 4° disciplinano l'intervento dell'autorità giudiziaria. Mentre il 1° e il 6° comma hanno per oggetto tutte le manifestazioni di pensiero in relazione alle quali la tutela del buon costume, unico limite previsto, è affidata agli interventi sia della pubblica amministrazione che dell'autorità giudiziaria.

Anche se su questa divisione dei sei comma dell'articolo 21 in realtà c'è una seconda tesi che si fa sempre più strada e che mette da una parte i comma 1, 2, 3,6 (che si riferiscono al sistema dei mass media) e dall'altra il 4 e 5 (che si riferiscono alla stampa periodica).

Ma su questo punto c'è incertezza anche per un'altra ragione. Il terzo comma, infatti, dice che si può procedere a sequestro, tra gli altri, nel caso di delitti per i quali la legge sulla stampa espressamente lo autorizzi. Ebbene, la legge 47 del 1948 (la legge sulla stampa, appunto) non prevede alcun sequestro perché in fase di rielaborazione del progetto originario da parte dell'Assemblea Costituente, molte disposizioni - tra le quali proprio il sequestro - non sono state inserite nella legge.

Questo fa pensare che le norme richiamate in questo contesto siano quelle del decreto legge 561 approvato dal governo provvisorio il 31 maggio 1946. Decreto che aboliva il sequestro preventivo e prevedeva quello imposto dall'autorità giudiziaria; dichiarava abrogati alcuni articoli del testo unico di pubblica sicurezza e tutte le altre disposizioni contrarie alle nuove norme. Per tentare di ovviare a questo inconveniente è intervenuta la Corte Costituzionale con la sentenza numero 4 del 19 gennaio 1972 nella quale ha affermato che «d'espressione "legge sulla stampa" può essere interpretata come indicativa del complesso delle norme riguardanti la materia anche all'infuori della loro riunione formale in unica sede». Secondo il Lucatello, però, questa decisione sarebbe opportuna dal punto di vista politico, ma sarebbe palesemente infondata sotto quello giuridico.

2.14.11 Stampa, cinema e teatro

Un'altra critica che può muoversi nei confronti del legislatore è la disciplina particolarmente restrittiva adottata nei confronti di due mezzi di diffusione del pensiero e delle idee: il cinema e il teatro. Disposizioni del genere sono già in vigore nel periodo liberale. In questo campo il potere degli organi di polizia non viene scalfito dato che la legge di pubblica sicurezza 3720 emanata nel 1859, che prevede che sia la polizia a concedere in maniera arbitraria la licenza alle attività di pubblico intrattenimento, resta in vigore fino al 1962, anno in cui viene approvata un'apposita legge.

Al tempo di Carlo Alberto questo può anche essere ammissibile dato il periodo storico. E considerato che a quei tempi la libertà di espressione era vista solo nella facoltà dei giornali di poter parlare di politica. Il teatro era qualcosa che esulava da questo contesto, mentre radio e tv non esistevano. Mussolini, al contrario, capisce le potenzialità del teatro e anche della radio e del cinematografo e le sfrutta nel migliore dei modi per la sua propaganda di regime.

Che nel ventennio cinema e teatro siano, dunque, sotto il giogo della censura non fa notizia. Fa scalpore, invece, che questa miopia resti con lo Stato repubblicano. Col passaggio dalla dittatura alla democrazia, e fino al 1962, infatti, non cambia nulla nel sistema di revisione delle opere teatrali e cinematografiche. È pur vero che il sesto comma dell'articolo 21 parla di provvedimenti adeguati anche a prevenire eventuali abusi, ma non è facile capire perché tale disposizione venga applicata in maniera specifica solo a cinema e teatro e non agli altri mezzi di diffusione.

A parziale garanzia del rispetto del dettato costituzionale è toccato ancora una volta a una sentenza della Corte Costituzionale. Con la 121 dell'8 luglio 1957, i giudici di Palazzo della Consulta hanno affermato che «d'autorità di pubblica sicurezza non può - in base all'articolo 68 del t.u.p.s. - esercitare nessuna censura o controllo sul contenuto delle opere teatrali e cinematografiche».

In merito alla disparità tra stampa e cinema e teatro c'è chi ritiene che la salvaguardia riservata solo alla prima, oltre che all'esplicito dettato costituzionale, sarebbe dovuta alle gravi conseguenze che questa riceverebbe rispetto agli altri mezzi in caso di provvedimenti preventivi. Dato che la stampa deve rispettare i suoi tempi per poter arrivare nelle edicole, un provvedimento del genere, anche se momentaneo, potrebbe comprometterne l'uscita.

Al contrario per i programmi radiofonici o televisivi o per gli spettacoli cine-teatrali il problema non si porrebbe perché uno spettacolo potrebbe sempre essere rimandato e il programma radiofonico farebbe sempre in tempo ad andare in onda. E mentre per la stampa viene considerato ottimo il sequestro per impedire manifestazioni ritenute illecite, per gli altri mezzi l'unico strumento indicato per lo scopo sarebbe l'intervento preventivo.

Secondo il Fois va comunque esclusa qualsiasi forma di discrezionalità nell'uso delle misure di controllo dei mezzi di diffusione del pensiero e quindi anche per cinema e teatro. «Non sarebbe costituzionalmente legittimo se tali misure venissero ammesse per generiche ragioni di moralità, di ordine pubblico o anche per tutelare l'onorabilità altrui contro le critiche e le imputazioni offensive».[37]

Questa diversità di regime, a dire il vero, si può anche cogliere nell'articolo 11 della Convenzione europea dei diritti dell'uomo del 1950 che riconosce esplicitamente come il diritto alla libera espressione del pensiero non può impedire che gli Stati sottopongano le imprese di radiodiffusione, di cinema o di televisione ad un regime di autorizzazione. Autorizzazione che, come sappiamo, è invece costituzionalmente ed esplicitamente vietata per la stampa.

Solo nel 1962, dunque, vanno in pensione le norme illiberali riservate al controllo di cinema e teatro, ma alcuni dei principi ispiratori restano anche nella nuova legge. Tra tutti, il controllo preventivo nella veste di censura. Negli ultimi anni, però, visto il cattivo funzionamento di questo istituto, si è cominciato a discutere o di una sua riforma o di una sua completa abolizione.

2.14.12 La pubblicità dei mezzi di finanziamento

«Il legislatore ordinario, ed esso soltanto, può, e all'occorrenza deve, emanare una normativa che ponga a chi ha la proprietà o la responsabilità amministrativa di un giornale, il cui contenuto presenti caratteri tali da incidere in misura apprezzabile sugli orientamenti etico-politici dei lettori, l'obbligo di rendere di pubblico dominio il bilancio del giornale stesso, indicando contestualmente quanti, direttamente o indirettamente, contribuiscono, ed in quale misura, al suo finanziamento. Le disposizioni relative a tale obbligo non dovranno contenere alcun elemento discriminatorio vuoi nel senso di consentire la esenzione dall'obbligo di alcuni dei destinatari della normativa, vuoi nel senso di prevedere un'applicazione differenziata di questo o di quell'elemento della normativa stessa a particolari categorie di destinatari».

È la forma chiara e sufficientemente esplicativa del quinto comma dell'articolo 21 della Costituzione secondo il Lucatello. Semmai è da dire che è in errore il Lucatello quando parla solo di carta stampata e lettori. Sbaglia perché il problema resta identico anche per radio e televisione nei confronti, rispettivamente, di ascoltatori e spettatori in quanto anche radio e tv fanno informazione periodica. In esso si può ravvisare una riserva di legge assoluta e rafforzata perché la materia indicata dal comma può essere disciplinata esclusivamente dal potere legislativo.

È una riserva assoluta perché - secondo quanto afferma una parte della dottrina - rinvia al legislatore ordinario tutti gli elementi della normativa riservata. È considerata rafforzata perché oltre a dare facoltà al legislatore, gli pone anche i limiti entro i quali legiferare. La funzione del comma non è attributiva, ma dichiarativa ed evidenziativa della facoltà propria del legislatore di emanare il provvedimento contemplato in esso. Questo perché non sono previsti divieti costituzionali.

Tra i primi due comma e il quinto secondo il Lucatello ci sarebbe una non coincidenza. Mentre nei primi due verrebbe tutelato il momento manifestativo e divulgativo del pensiero, ossia il soggetto attivo, con il quinto verrebbe salvaguardato il momento ricettivo del messaggio, ossia la parte passiva. «La pubblicazione delle fonti finanziarie della stampa periodica metterebbe i lettori nella condizione di individuare i singoli ed i gruppi che danno il loro appoggio materiale, in molti casi essenziale, a questo o a quel giornale.

Sarà possibile così, si è pensato, conoscere quali interessi economici, atti ad influenzare gli orientamenti politici, sono rappresentati dai vari periodici; e ciò, consentendo ai destinatari dei "messaggi stampati" di meglio vagliare la loro obiettività, contribuirà ad eliminare, o quanto meno a ridurre, i pericoli di mistificazione delle opinioni».[38]

In fase di redazione, la preoccupazione di una buona parte dei costituenti era che la stampa finisse, in assenza di controlli, sotto una qualche forma di controllo dei ceti economicamente privilegiati. Questo perché la stampa era quasi sempre in passivo e quindi bisognosa di sovvenzioni per sopravvivere. In una situazione del genere era pressoché normale che centri di potere economico-finanziario prendessero il controllo dei mezzi di comunicazione di massa in quanto strumenti efficacissimi per conservare o allargare il consenso della pubblica opinione.

Secondo il Lucatello ci sarebbe un certo legame tra questo comma e alcuni articoli della Costituzione. In particolare con il 3, il 48, il 49 e il 51. L'articolo 3 dice che è compito della Repubblica rimuovere gli ostacoli di ordine economico e sociale che possono limitare la libertà. Di conseguenza anche l'ignorare quali interessi politici ed economici si nascondono dietro una testata giornalistica potrebbe essere considerato un ostacolo sociale. Nel quinto comma, quindi, ci sarebbe una «determinazione coerente ed omogenea dall'esigenza formulata in termini generali nell'articolo 3... Si può infatti sostenere che il principio espresso dall'articolo 3 e quello sotteso alla norma del V comma derivino entrambi, ancorché formulati a livelli diversi di generalità, dall'unico generalissimo principio del supremo valore della persona umana che informa in larga misura la nostra Carta costituzionale».[39]

Al contrario del 3, con gli articoli 48, 49 e 51 non esiste una deducibilità logica. Secondo il Lucatello, quanto espresso dal comma cinque non segue necessariamente da questi articoli che fissano i fondamentali diritti pubblici dei cittadini; non di meno, però, è corretto sostenere che - essendo il valore tutelato dal quinto comma una delle condizioni del pieno sviluppo della personalità e dell'effettiva partecipazione all'organizzazione politica oltre che economica e sociale del paese - la tutela prevista in tale norma è da considerare un requisito per un responsabile esercizio da parte del cittadino dei suoi diritti politici.

«Dato che il V comma si limita a dichiarare una facoltà e non un obbligo, ciò si può spiegare presumendo che l'ignoranza da parte del grande pubblico degli interessi economico-politici condizionanti la stampa periodica venisse da molti costituenti considerata non come una circostanza che sia sempre ed in misura notevole lesiva di una corretta formazione della pubblica opinione, ma che può diventarlo... Il costituente ha voluto sì indicare una tutela degli utenti della stampa periodica, ma l'ha configurata in maniera che non venisse a ledere il fondamentale diritto di manifestazione e diffusione del pensiero a mezzo della stampa affermato nei primi due comma dell'articolo 21... Per rispettare tale priorità era naturale che il costituente preferisse che l'emanazione della normativa in questione fosse una misura facoltativa; ciò nella presunzione che, così disponendo, il legislatore l'avrebbe messa in atto soltanto nel caso in cui apparissero seriamente compromessi i diritti dei lettori che sottendono alla ratio del V comma».[40]

L'espressione iniziale «La legge può stabilire...» indica la facoltà del legislatore ordinario di intervenire quando la non conoscenza delle fonti di finanziamento può recare un serio danno al lettore o all'ascoltatore/telespettatore; ossia induca a un disorientamento di una gravità tale da risultare pregiudizievole a una corretta formazione della pubblica opinione.

Quando si parla di rendere pubblici i mezzi di finanziamento si intende - ancora secondo il Lucatello - rendere pubblici i bilanci delle aziende editoriali. Bilanci dai quali devono trasparire non solo gli aiuti necessari a sanare le passività, ma anche quelli volti a potenziare, a innovare o a diffondere maggiormente il giornale. A pubblicare i bilanci sono tenute solo le aziende che possiedono un periodico perché solo la stampa periodica sarebbe in grado di influenzare significativamente la pubblica opinione. Una posizione alquanto errata se si considera il peso che hanno anche gli altri mezzi di informazione e in particolare la televisione così come è emerso negli ultimi anni.

Infine il quinto comma parla anche di «norme di carattere generale». Secondo il Lucatello questa espressione starebbe ad indicare l'obbligo per il legislatore di non discriminare alcun soggetto in ordine all'adempimento dell'obbligo. Ossia la norma, una volta approvata, deve valere per tutti i soggetti e non per alcuni.

2.14.13 Limiti alla libertà

2.14.13.1 Una classificazione dei limiti

Nonostante esista una discussione tra teoria individuale e funzionale e nonostante il concetto sia stato allargato e fatto passare dalla sfera privatistica a quella pubblicistica, la libertà di stampa resta un diritto soggettivo e come tale, nonostante sia inviolabile, è sottoposto a limiti perché a un diritto individuale ne è sempre contrapposto uno collettivo. Tale diritto va usato con cautela e entro determinati ambiti capaci - se rispettati - di garantire una civile convivenza. Senza tale cautela la libertà si trasforma in licenza e arbitrio e rischia di essere soppressa.

«D'altra parte - afferma il Loiodice - se la libertà dell'informazione costituisce uno strumento essenziale per realizzare le caratteristiche proprie del sistema vigente, appare corretto ritenere che il suo esercizio trovi un limite ogni volta che possa causare comportamenti suscettibili di arrecare nocumento alle predette caratteristiche».[41] Sulla stessa lunghezza d'onda anche il Crisafulli che nota come qualsiasi Costituzione, anche la più liberale, prescriva determinati limiti alla libertà di espressione o preveda comunque la soppressione degli abusi.

«Ma si tratta di limiti negativi - spiega l'Esposito - che circoscrivono dall'esterno l'ambito della libertà senza farne dipendere la tutela da valutazioni circa la conformità del contenuto delle manifestazioni rispetto ai fini e principi autoritativamente prestabiliti».[42] Secondo Zaccaria e Capecchi, i limiti che gravano sulla libertà di manifestazione del pensiero, a parte il buon costume, derivano dalla garanzia o dal rilievo costituzionale di situazioni giuridiche facenti capo a singoli privati o a gruppi sociali (si tratta dei diritti della personalità e dei diritti di natura civilistica) oppure derivano dalla tutela di interessi di natura pubblicistica (come l'ordine pubblico, la sicurezza dello Stato e altri ancora).

In via generale i limiti possono essere:

- logici o interni: implicano il rispetto della verità dei fatti e la continenza nel loro racconto. La verità non deve essere oggettiva, bensì quella che il giornalista ritiene, in assoluta buona fede e dopo aver verificato le fonti, essere vera anche se erronea. A questi il Chiola contrappone quelli posti ab externo che mirerebbero a tutelare interessi diversi e prevalenti. La violazione di un limite interno potrebbe realizzarsi, secondo l'autore, quando una determinata impresa di comunicazione, simulando l'esercizio di un'attività destinata all'informazione della collettività, persegue scopi del tutto estranei alla funzione notiziale venendo meno al principio della buona fede. Se uno stampato non ottempera al dovere di fornire notizie vere, viola un limite interno e si pone fuori dalla garanzia costituzionale. In conseguenza di ciò si sottopone alla discrezionalità del legislatore per la sanzionabilità dell'atto lesivo. Nei limiti esterni rientrano, per esempio, la tutela del buon costume, l'ordine pubblico e così via;

- differenziati: dipendono dalla materia richiamata quando si esprime un'opinione. A tal proposito il Fois distingue la materia privilegiata dalla non privilegiata come si potrà vedere più avanti nel paragrafo 2.14.13.2 sulla discussione sui limiti;

- costituzionali: vengono fissati soltanto per esigenze costituzionalmente rilevanti. Nel caso italiano viene esplicitamente citato solo quello del buon costume.

A una prima classificazione di principio, si possono far seguire gli esempi concreti. Di conseguenza abbiamo:

- il rispetto della dignità e dell'onorabilità della persona: anche se è un diritto inviolabile, non è assoluto altrimenti la libertà di stampa verrebbe gravemente limitata. Ciò significa che si può anche divulgare una notizia lesiva dell'altrui reputazione purché la notizia sia di interesse sociale, ossia giovi al consapevole esercizio dei diritti civili sociali, politici ed economici da parte della collettività. Questo limite secondo alcuni autori (Esposito e Chiola) è valido in quanto contenuto in uno specifico divieto espresso da una particolare disposizione costituzionale. Il Fois mira a limitare tale limite, ma spiega che «si è sicuramente fuori dei confini della liceità qualora l'onore e la reputazione dell'individuo siano colpiti da espressioni ed epiteti puramente e semplicemente ingiuriosi, da invettive e da violenze di linguaggio. Ci troviamo, infatti, di fronte a espressioni formate quasi esclusivamente per offendere, aliene da ogni idea di giudizio su cose o persone»;[43]

- l'ordine pubblico: la libertà di manifestazione del pensiero non deve mirare a turbare la pace e la buona convivenza sociale. A minacciarlo, infatti, non sono solo le azioni destabilizzanti o sovversive, ma anche le notizie false, mendaci e tendenziose, l'istigazione all'odio tra le classi sociali o l'offesa al sentimento nazionale. In realtà la dottrina è contraria a questo limite perché molto ambiguo ed elastico e quindi capace di apporre ostacoli alla libertà in maniera indiscriminata. La Corte Costituzionale (nelle sentenze 1 del 14 giugno 1956 e 120 dell'8 luglio 1957) ha ammesso la possibilità di riferirsi a tale principio come limite in quanto esigenza fondamentale per la vita dello stato democratico. E gli stessi concetti ha espresso in altre sentenze relativamente più recenti come la 199 del 29 dicembre 1972, la 210 del 3 agosto 1976 e la 138 del 9 maggio 1985. «Ma l'ordine pubblico - spiega il Chiola - può essere invocato soltanto in relazione all'incitamento alla violenza quale azione antidemocratica in contrasto con l'obbligo di fedeltà imposto dall'articolo 54 della Costituzione»;[44]

- il buon costume: espressamente e unicamente previsto nella nostra Carta Costituzionale. Non è riferito solo alla sfera sessuale, ma anche alle pubblicazioni ritenute impressionanti o raccapriccianti o in grado di offendere la morale media. Difficile definire tale limite perché è soggetto a variare in relazione alle condizioni storiche, sociali e di costume di un popolo;

- la riservatezza: si esplica nel diritto all'immagine, alla segretezza della corrispondenza e delle comunicazioni telegrafiche e telefoniche e alla privacy. Ci sono state parecchie difficoltà ad ammettere il riconoscimento costituzionale di questo interesse. Sul dubbio si sono espressi in tanti: il Fois, il Mazziotti, il Paladin. Questi ultimi parlano non di un autonomo diritto alla riservatezza, bensì di un principio costituzionale che si può dedurre dagli articoli 3 comma 2, 14 e 15. Come loro, più o meno, il Sandulli e il Baldassarre;

- i segreti pubblici: come quello militare, d'ufficio e istruttorio. La dottrina ha, però, stabilito che questi possono essere apposti solo per esigenze costituzionalmente rilevanti come la difesa della patria o l'efficace amministrazione della giustizia.

«Attesa la peculiare struttura e funzione del segreto - commenta Loiodice - si rende evidente da un lato che la Costituzione non impone alcun segreto, bensì lo legittima entro un limite massimo, lasciando al titolare dell'interesse la scelta sulla sua esistenza ed estensione; dall'altro è altrettanto evidente che la Carta costituzionale non autorizza il segreto quando la tutela, che questo può offrire, è conseguibile tramite altri strumenti».

Come il Loiodice la pensa anche il Chiola: «Nel nostro ordinamento - spiega l'autore - è presente l'esigenza della pubblicità.

Pur mancando uno specifico riconoscimento, possono rinvenirsi spunti normativi sui quali fondare il riconoscimento, in via di principio, dell'interesse alla conoscibilità degli atti dello Stato. La ridotta portata di tale riconoscimento è peraltro sufficiente ad escludere l'esistenza di un contrapposto dovere generale al segreto cui fare riferimento per giustificare quei limiti alla diffusione delle notizie che vengono posti con le diverse fattispecie del segreto pubblico».[45]

Per il Fois il segreto istruttorio è costituzionalmente ammissibile in quanto temporaneo e dunque valido fino a che il procedimento giudiziario non è reso pubblico. Con la sentenza 18 del 10 febbraio 1981 la Corte Costituzionale ha precisato che «la disciplina dei rapporti tra giustizia e informazione non può che essere in via di principio rimessa alla discrezionalità del legislatore al quale spetta individuare la soluzione più idonea a contemperare interessi attinenti all'attività istruttoria da un lato e all'informazione dall'altro, entrambi aventi rilievo costituzionale»;

- Il divieto di abuso della medesima libertà: questa non può essere utilizzata né per ledere gli interessi che fanno capo al titolare della stessa (è il caso per esempio del divieto di visione di certi film ai minori di una certa età), né quelli la cui lesione renderebbe vana la funzione della libertà.

No al segreto di Stato sui delitti di strage e terrorismo
La proposta di legge di iniziativa popolare dell'Unione familiari vittime per stragi
di Paolo Bolognesi*

Il 25 luglio del 1984 l'Unione familiari vittime per stragi, composta dalle Associazioni delle stragi di Piazza Fontana, Piazza della Loggia, treno Italicus, Stazione di Bologna del 2 agosto 1980, rapido 904, via dei Georgofili di Firenze, presentava la proposta di legge d'iniziativa popolare corredata da cinquantamila firme, dal titolo "Abolizione del segreto di Stato per delitti di strage e terrorismo" composta da un solo articolo: «Alla legge 24 ottobre 1977, n. 801, è aggiunto l'art. bis, del seguente tenore: "Il segreto di Stato non può essere opposto in alcuna forma nel corso dei procedimenti penali relativi: a) ai reati commessi per finalità di terrorismo o di eversione dell'ordine democratico; b) ai delitti di strage previsti dagli artt. 285 e 422 del codice penale"».

A tutt'oggi questa legge deve essere ancora approvata dal Parlamento italiano. Da allora sono state approvate moltissime leggi a favore dei terroristi, ma non si è trovato il tempo per approvare quella legge. In tanti hanno firmato, tanti che poi sono diventati parlamentari e sicuramente non hanno profuso l'impegno necessario per far approvare la legge né tantomeno ci risultano prese di posizione decise o clamorose in proposito. Tutto questo potrebbe sembrare polemico e non credo sia opportuno soffermaci più di tanto. Parliamo invece della legge.

L'articolo unico e la relazione furono elaborati dal magistrato Marco Ramat. La relazione è estremamente significativa e comprensibile permettendo a chiunque di avere chiare le motivazioni della elaborazione e della presentazione. La proposta di legge intende attribuire alla magistratura la pienezza dei suoi poteri di indagine, di accertamento e di decisione nei processi penali concernenti i fatti criminosi maggiormente pericolosi per l'ordine democratico. I servizi di sicurezza, istituiti e regolati dalla legge n. 801/77, sono organi che hanno il dovere di riferire non all'autorità giudiziaria ma a quella governativa.

L'art. 12 di tale legge stabilisce poi che sono coperti dal segreto di Stato «gli atti, i documenti, le notizie, le attività e ogni altra cosa la cui diffusione sia idonea a recar danno alla integrità dello Stato democratico, anche in relazione ad accordi internazionali, alla difesa delle istituzioni poste dalla Costituzione a suo fondamento, al libero esercizio delle funzioni degli organi costituzionali, alla indipendenza dello Stato rispetto agli altri Stati e alle relazioni con essi, alla preparazione e alla difesa militare dello Stato». Il comma successivo stabilisce, però, che «in nessun caso possono essere oggetto del segreto di Stato fatti eversivi dell'ordine costituzionale».

Unico effettivo responsabile, per legge, della gestione del segreto politico è il presidente del Consiglio dei ministri. È una responsabilità politica di fronte al Parlamento, molto carica di discrezionalità in quanto i confini del segreto di Stato sono ovviamente affidati alla valutazione, appunto, della massima autorità politica di governo; ed è una valutazione non ancorata a principi geometrici, ma alle contingenze, alle situazioni concrete, al contesto volta a volta diverso: per cui lo stesso fatto può talvolta apparire dannoso, se diffuso, e tal'altra innocuo; talvolta eversivo e tal'altra non eversivo.

Questa discrezionalità politica, prerogativa del vertice del potere esecutivo, irriducibile in precisi schemi giuridici definitori, è connaturata alla materia del segreto politico, all'istituto stesso del "segreto politico". L'esperienza vissuta dal nostro Paese, da sempre, e con particolare frequenza negli ultimi decenni, ha però dimostrato che la prerogativa governativa nella gestione politica del segreto di Stato è entrata in conflitto con l'esercizio della funzione giurisdizionale in una serie di casi processuali originati da gravissimi delitti politici: casi, per lo più, tuttora irrisolti; e la mancata soluzione dei quali viene addebitata anche alla opposizione del segreto di Stato (o del suo equivalente nominale, antecedentemente alla Legge 801/77) di fronte alle richieste dell'autorità giudiziaria procedente.

La proposta di legge che presentiamo muove dalla necessità che il segreto di Stato non venga mai opposto alla magistratura, in nessuna fase del processo e in nessuna forma, quando si tratti dei reati compresi nelle due categorie indicate nell'articolo unico che la compone. La premessa logica di questo assunto e di questa proposta è assolutamente semplice. I delitti, in ordine ai quali sarà inopponibile alla magistratura il segreto di Stato, appartengono tutti alla categoria dei "fatti eversivi dell'ordine costituzionale": quei fatti che, secondo la legge vigente, non possono essere oggetto di segreto.

Riteniamo, infatti, che non vi sia ormai possibilità di dubbio sulla capacità di ognuno dei delitti cui si riferisce la proposta, di costituire potenziale eversione del sistema democratico. Accanto ai "classici" delitti di strage, questa connotazione compete anche ai delitti di terrorismo: all'uno e all'altro il legislatore ha dedicato in questi ultimi tempi reiterata e preoccupata attenzione, imposta appunto dalla loro specifica pericolosità politica.

Nessuno degli interessi alla cui tutela è predisposto il segreto di Stato è superiore all'interesse che la giustizia proceda e che si raggiunga il massimo possibile di verità nelle indagini e nei processi relativi a questi reati; anzi, la potenzialità eversiva di essi fa sì che gli stessi interessi ai quali si riferisce il segreto di Stato ottengano la massima garanzia di tutela non dalla opposizione ma - al contrario - dalla non opposizione del segreto alla magistratura. Nella situazione considerata, diventa dunque inammissibile la legittimità di un filtro politico preventivo affidato al presidente del Consiglio dei ministri: il segreto coprirebbe fatti (inerenti ai delitti considerati in proposta) che per definizione sono eversivi dell'ordine costituzionale.

Con la proposta di legge si vuole eliminare radicalmente anche ogni questione concernente la valutazione della pertinenza processuale delle notizie, dei documenti e altro richiesti dall'autorità giudiziaria procedente. Vi sono state, infatti, occasioni in cui il segreto politico è stato opposto perché il suo depositario ha ritenuto la irrilevanza, ai fini di giustizia, dell'oggetto richiesto dall'autorità giudiziaria.

E, nel difendere in tali casi l'opposizione del segreto, si è anche adoperato l'argomento che i meccanismi di controllo governativo-parlamentari previsti dalla legge 801/77 sul funzionamento e l'operato del servizi di sicurezza, e così pure la responsabilizzazione politica, al riguardo, del presidente del Consiglio, costituiscono sufficiente garanzia che quanto viene taciuto all'autorità giudiziaria è sicuramente estraneo e indifferente alla ricerca processuale della verità.

Questo argomento non può essere condiviso, e non solo perché indimenticate esperienze dimostrano, al contrario, che esiste sempre la possibilità di sottrarre alla giustizia, con l'opposizione del segreto, elementi di grande rilievo processuale.

Va tenuto presente, infatti, che i meccanismi di controllo governativo-parlamentari previsti dalla legge vigente funzionano pur sempre in un circuito "chiuso", controllato dall'autorità politica suprema nella migliore delle ipotesi, ma controllato - nella peggiore, non irreale ipotesi - dagli organi preposti ai servizi di sicurezza, i quali possono sottrarsi, di fatto, al controllo effettivo dello stesso presidente del Consiglio: con la conseguenza, dunque, che i meccanismi di controllo rischiano di girare a vuoto, in tutto o in parte, perché le informazioni in base alle quali vengono giustificate la irrilevanza processuale di quanto richiede l'autorità giudiziaria e la conseguente opposizione del segreto, possono essere carenti, incomplete e deformate.

Neppure il comitato parlamentare contemplato dalla legge ha la possibilità di correggere, in relazione al caso concreto, l'eventuale vizio del circuito alla cui generale sorveglianza esso è preposto. Vi è poi un'ulteriore ragione. Anche nella migliore delle ipotesi, anche a ritenere cioè che nessuna disfunzione, o peggio, sia intervenuta, non si comprende come il presidente del Consiglio, il Comitato interministeriale ed il Comitato parlamentare, siano in grado di farsi e di esprimere una fondata opinione circa la rilevanza - irrilevanza processuale di un segmento d'indagine che essi non possono che esaminare isolatamente dal contesto complessivo, il quale è conosciuto soltanto dall'autorità giudiziaria procedente.

A quest'ultima, dunque, e non ad altri organi o autorità, spetta di valutare ciò che serve e ciò che non serve ai fini di giustizia. Attribuire ad altri tale giudizio significa sovrapporre l'incompetenza alla competenza. Infine, la difesa delle prerogative della giustizia affidate alla sola autorità giudiziaria è imposta da una ragione d'indole ancor superiore al livello tecnico; una ragione questa sì, suprema.

Nei procedimenti penali relativi ai fatti che la stessa legislazione riconosce come i più pericolosi per il sistema democratico, e che troppo spesso hanno causato enormi lutti e determinato gravissime tensioni politiche, non è tollerabile che lo Stato si divida in due: da una parte la giustizia che con estrema fatica cerca la verità, dall'altra il governo che anche solo sembri nasconderla. È intollerabile, infatti, anche il mero sospetto che mentre sulla scena la giustizia brancola nel buio, vi sia dietro le quinte un avversario parimenti istituzionale che la verità conosce ed impedisce legalmente di renderla nota.

Infine, va sottolineato che la proposta precisa come il segreto di Stato, nella materia in oggetto, non possa essere opposto in alcuna forma: con ciò si fa riferimento, oltre alle norme della procedura penale in tema di sequestro e di esame testimoniali, anche ad ogni altro strumento processuale il cui uso possa implicare, comunque, la necessità di accedere agli "atti", ai "documenti", alle "notizie", alle "attività" e ad "ogni altra cosa" che secondo l'art. 12 della legge 801/77 sono coperti dal segreto di Stato (e seguiteranno ad esserlo per tutto quanto non è considerato in questa proposta). Dopo tanti anni dalla presentazione crediamo sia preoccupante il comportamento dei parlamentari che non hanno mai trovato il tempo per approvare la legge. In questo momento particolare, anziché fare proclami di lotta al terrorismo, sarebbe importante procedere con fatti concreti e l'approvazione di questa legge sarebbe un buon inizio.

*Presidente dell'Associazione familiari vittime della strage del 2 agosto '80

2.14.13.2 La discussione sui limiti

L'attività di informazione rappresenta uno strumento di conoscenza e in quanto tale - anche se è uno dei diritti basilari della personalità - non rappresenta un interesse di categoria bensì un interesse generale. A tal proposito il Ruini dice: «Tutte le norme giuridiche di diritto penale come quelle di diritto amministrativo nella regolazione del diritto di stampa consistono in limitazioni apportate a questo diritto per la difesa di altri diritti... I limiti sono indispensabili, ma debbono essere limitati ed ammessi con grande senso di misura ed equilibrio per non ferire e vulnerare nella sua essenza quel diritto di libertà di stampa in cui consiste una indispensabile garanzia nonché di democrazia, di civiltà... Oltre alla configurazione delle limitazioni in se stesse, importa il procedimento e la autorità che deve applicarle».[46]

Nel suo commentario alla Costituzione, sempre il Ruini fa presente che dalle discussioni all'Onu è venuta fuori una classificazione di tali limiti ratione materiae. C'è la ratione individui o di ordine privato che si riferisce alla tutela delle persone fisiche, della loro morale e del loro onore; la ratione societatis o di ordine pubblico che mira alla difesa del buon costume; la ratione reipubblicae e la ratione gentium o di ordine politico rispettivamente per la salvaguardia dell'ordine sociale e del paese e dei buoni rapporti con gli stati esteri.

I punti sui quali si dibatte riguardano le ultime due limitazioni, ossia quelle di ordine politico perché, secondo il Ruini, possono dare luogo a interventi e abusi dell'autorità politica e a deviazioni del sistema, non solo dell'articolo 21 bensì di tutta la Costituzione.

Secondo Heinitz occorre distinguere tra libertà materiale della stampa, collegata alla effettiva libertà di manifestare il proprio pensiero, e la libertà formale della stampa, che la difende contro interventi esterni senza riguardo al contenuto. Di conseguenza i limiti della libertà di stampa - secondo questo autore - vanno considerati sotto entrambi i punti di vista.

L'individuazione concreta dei singoli limiti, però, implica accesi contrasti. Alcuni autori, infatti, sostengono che la legge ordinaria non può porre limiti sostantivi alla libertà di manifestazione del pensiero costituzionalmente garantita. Per loro hanno valore solo quelli esplicitamente previsti dalla Costituzione. Al massimo le leggi ordinarie potrebbero solo determinare la portata e l'estensione concreta dei singoli limiti che hanno trovato riconoscimento nella

Carta. Contro ci sono coloro che ritengono possibile che le leggi ordinarie possano limitare questa libertà secondo il principio che non esisterebbe la libertà delle leggi, bensì la libertà nelle leggi. Secondo Delitala, sul piano pratico, non esisterebbe alcun contrasto tra queste due teorie perché anche i sostenitori dell'inammissibilità dei limiti riconoscono la legittimità costituzionale di quasi tutte le leggi penali attinenti all'argomento. Riconoscendo, così, in esse lo svolgimento concreto di un limite costituzionalmente stabilito. Detto questo, però, resta pacifico il fatto che non si può assegnare al legislatore ordinario la facoltà di limitare con assoluta discrezionalità la libertà di manifestazione del pensiero.

Il Fois, che distingue tra manifestazioni di pensiero in materia privilegiata e materia non privilegiata, ritiene che per la prima hanno valore solo i limiti logici, mentre per la non privilegiata sarebbe consentita l'apposizione di limiti estrinseci in quanto stabiliti per la tutela di diversi interessi purché riconosciuti dalla Costituzione.

Secondo il Delitala la distinzione fra materia e materia realizzata dal Fois sarebbe corretta perché le manifestazioni del pensiero debbono essere sottoposte, a seconda dell'argomento trattato, a principi diversi. «Resta da vedere se la distinzione fra materia e materia è veramente fondata. Per risolvere il quesito bisogna ovviamente interpretare la norma - spiega sempre il Delitala - Poiché la distinzione non risulta giustificata dalla formula letterale della disposizione, che parla genericamente di manifestazioni di pensiero, bisogna indagarne la genesi storica e penetrarne la ratio... La lotta per l'affermazione della libertà che si è conchiusa col trionfo delle libertà civili, non ha dunque avuto per gonfalone la rivendicazione indiscriminata della libertà di qualunque pensiero, ma solo la rivendicazione della libertà di pensiero su materie di interesse collettivo che apparivano per la loro natura di fondamentale importanza per lo sviluppo della civitas.

Questo è l'insegnamento che deriva dalla storia e non c'è nessuna ragione per ritenere che quell'insegnamento sia stato disatteso dai nostri costituenti. Dunque, la considerazione della ratio della disposizione conferma puntualmente la bontà della distinzione». In contrapposizione con quanto affermato dallo stesso Fois e da altri autori e con quanto stabilito dalla Corte Costituzionale, Delitala è convinto che la manifestazione del pensiero non debba essere in ogni caso garantita senza alcuna considerazione di contenuto e senza riguardo alla materia.

«Ci sono materie alle quali la esigenza di libertà appare storicamente e razionalmente connaturata, onde è giusto che per esse, e per esse soltanto, s'affermi la esigenza che il limite all'esercizio della libertà non può essere rimesso alla discrezione del giudice ordinario. Valgono per queste materie solo i limiti esplicitamente od implicitamente stabiliti dalla Costituzione. Ma per le altre materie quella esigenza non sussiste e pertanto la opposizione dei limiti, in conformità alla genesi storica e alla ratio della disposizione, può benissimo venire commessa alle leggi ordinarie... Chi oserebbe infatti affermare che l'esercizio della nostra libertà debba sempre venire regolato nel medesimo modo senza prendere in considerazione gli interessi su cui incide?... Nelle materie privilegiate la tutela della libertà è positivamente garantita dalla Costituzione, nel senso che la legge ordinaria non può frapporre limiti all'esercizio della libertà che non siano stabiliti dalla Costituzione. E non importa che il riconoscimento costituzionale del limite sia esplicito od implicito...».

Fin qui il pensiero del Delitala è in linea con lo spirito della Costituzione e con l'interpretazione di dottrina e giurisprudenza. Ma l'autore va pericolosamente oltre quando afferma che «per contro, in tutte le altre materie, l'apposizione di un limite concreto all'esercizio della libertà è consentito al legislatore ordinario anche in mancanza di un riconoscimento costituzionale».[47]

Come vedremo nel paragrafo 2.14.13.4, la Corte Costituzionale porrà fine a questa discussione con una sentenza chiara e definitiva.

2.14.13.3 Il buon costume

L'unico limite espresso nella Costituzione e per il quale possono scattare misure eccezionali come il sequestro e gli atti di prevenzione si trova al sesto comma e si riferisce alla tutela del buon costume. La norma secondo il Fois si richiama solo al buon costume non già per escludere in assoluto la tutela di altri interessi, ma per stabilire che solo la tutela del buon costume può essere assicurata con mezzi eccezionali che di regola invece debbono ritenersi esclusi.[48]

La determinazione di buon costume non è affatto facile né scevra da controversie. Così come espressa nella Costituzione è troppo generica e lata e quindi facilmente estensibile in fase di censura dato che su questo punto sono previsti «provvedimenti adeguati a prevenire e a reprimere le violazioni». Un concetto così elastico non collima con un sistema di limiti costituzionali espressamente costituito come rigido. Un limite applicato ad un principio di libertà, infatti, va delineato in maniera precisa per evitare valutazioni diverse e applicazioni che eccedano il senso stesso della Carta Costituzionale. Su questo punto il rischio è davvero elevato e il Ranelletti, riconoscendolo, afferma: «Quando l'interpretazione della norma positiva non permette di stabilire una norma sicura, la quale delimiti chiaramente la sfera di attività dello Stato e quella riconosciuta o creata nell'individuo, si deve riconoscere all'autorità pubblica la libertà d'azione più piena, secondo le esigenze della funzione che essa nel caso speciale compie».

Per tale ragione si è discusso parecchio circa l'incostituzionalità di alcune norme legislative di applicazione di quest'ultimo comma. «La formulazione adottata che, dopo avere nei precedenti comma distinta e disciplinata a sè la stampa, la ricongiunge ed accomuna nell'ultimo comma allo spettacolo ed a tutte le altre manifestazioni di pensiero, non è riuscita felice ed esauriente nei vari aspetti, e ha dato occasione a contrastanti tesi. Con una di esse si sostiene che resta in ogni modo ferma la proibizione costituzionale nel secondo comma per qualsiasi forma di autorizzazione o censura di stampa; non si potrebbero concepire delle norme antitetiche nello stesso articolo; se si fosse voluto introdurre una deroga od eccezione per un caso speciale, si sarebbe dovuto dirlo con netta precisione... Un'altra tesi adduce che deroga ed eccezione sta nella dizione stessa dell'articolo che, dopo aver contemplate le misure da prendere per i casi di violazione da stabilire con la legge ordinaria sulla stampa, pone ed accentua un espresso divieto per quelle manifestazioni di pensiero che riguardano il caso, costituzionalmente determinato, delle manifestazioni contro il buon costume nelle quali, insieme allo spettacolo e a tutte le altre manifestazioni, sono messe le pubblicazioni a stampa; che si è voluto pertanto sottoporre, e non si può sottrarle, a quelle misure particolari di prevenzione che sono legittimate dalla difesa del buon costume»[49] .

A tal proposito si può cercare il significato di buon costume in base a quanto emerso dai lavori e dallo spirito dell'Assemblea Costituente. L'interpretazione generale vuole che i padri costituenti intendessero riferirsi alla morale sessuale. Tutti gli schieramenti, infatti, erano d'accordo sulla lotta alla pornografia e alle oscenità dato che a quei tempi era convinzione comune che la rivoluzione potesse farsi solo attraverso la pornografia e la perversione dei costumi.

Su questa specificazione è d'accordo anche il Fois che afferma: «L'unica possibilità di limitare l'ampiezza di questo limite - altrimenti indeterminato e indeterminabile - consiste nel fare riferimento solo ad una particolare materia, ad un particolare settore delle regole di convivenza sociale, come appunto avviene nel codice penale che considera la moralità pubblica solo per quel che attiene alla materia sessuale... In relazione alla libertà di pensiero è quindi ingiustificata ogni interpretazione estensiva del limite del buon costume. Come regola è inammissibile ogni limitazione in nome di generiche ragioni di moralità, di morale corrente, di comune sentimento della morale».[50]

Quello del buon costume è comunque un concetto soggetto a variare in base all'evoluzione dei tempi e al mutamento dei costumi e del comune sentimento. A tal proposito è importante leggere la sentenza 9 del 1965 nella quale la Corte Costituzionale conferma quanto detto. In questa, infatti, il buon costume viene identificato con «il naturale riserbo o pudore del quale vanno circondate le cose del sesso» a protezione di beni come «d'intimità dei rapporti sessuali, la moralità giovanile e la dignità della persona umana per la parte che si collega a questi rapporti». Un limite, questo, però che va «adeguato al tempo», ossia sensibile ai mutamenti del comune senso morale.

Secondo Alfredo Molari la più ampia accezione del buon costume è fatta propria dal diritto civile e costituisce la regola nell'ordinamento italiano, mentre è per converso del tutto eccezionale il più ristretto significato penalistico.

«Sul piano costituzionale ne deriverebbe, perciò, quanto meno una presunzione a favore della interpretazione lata - continua Molari - essendo logico supporre che allorquando un disposto della Costituzione richiama un elemento normativo senza aggiungere nessun'altra specificazione ciò importi un rinvio al significato normale di quell'elemento... In realtà il disposto dell'articolo 21 non può essere correttamente inteso fino a quando non si abbia cura di puntualizzarne il significato alla luce della sua ratio, quale è anche rivelata da motivi di ordine storico e da una considerazione attenta ai valori politici di cui esso è portatore».

Continuando sulla differenza tra l'interpretazione sul piano civilistico e quella sul piano penale, Molari invita a riflettere su quali conseguenze avrebbe portato l'idea di un buon costume comprensivo di tutti i principi appartenenti al patrimonio etico della nostra società. A suo avviso ne sarebbe derivata una negazione quasi assoluta della libertà di pensiero. «La sfera della moralità - spiega - coinvolge per sua stessa natura tutte le più significative manifestazioni della vita. Cosicché una volta elevatala ad invalicabile frontiera della garanzia costituzionale, dovremmo rassegnarci ad ammettere che quest'ultima copre unicamente le manifestazioni del pensiero di rilievo assolutamente marginale. A questa stregua si farebbe dell'articolo 21 la più inutile di tutte le disposizioni... Si deve riconoscere che un sistema il quale facesse capo alla nozione civilistica del buon costume darebbe alla censura possibilità d'intervento poco meno ampie di quelle attribuitele dalla vecchia legislazione autoritaria... Indubbiamente il combinato disposto dei comma 2 e 6 porta a negare la possibilità della censura per la stampa anche per ragioni di buon costume. In questo caso, sul comma 6 prevale l'espressa esclusione della censura per la stampa».

Dello stesso avviso è Delitala che conferma: «Tutti gli autori sono concordi nel sostenere che il canone elementare di interpretazione porta necessariamente a concludere che la Carta costituzionale fa riferimento al codice penale e che il limite attiene dunque esclusivamente al campo sessuale. Dato che la interpretazione incide limitandola su una libertà, non può essere che restrittiva».[51]

2.14.13.4 Altri limiti alla libertà

La tutela del buon costume non rappresenta l'unico limite imposto alla libertà di manifestazione del pensiero. Certamente è l'unico espressamente previsto e dichiarato, ma altri ne sono stati individuati nonostante dottrina e giurisprudenza - su questo punto - si trovino spesso in contrasto. Ma quando la Corte di Cassazione parla di limiti posti dall'ordinamento giuridico dal momento che «non si possono concepire liceità di manifestazioni criminose» siamo punto e a capo.

Questo concetto nulla toglie e nulla aggiunge alla diatriba. Resta solo incertezza e ambiguità. A risolvere parzialmente il problema è intervenuta la Corte Costituzionale con la sentenza 9 del 19 febbraio 1965 nella quale afferma: «La libertà di manifestazione del pensiero è tra le libertà fondamentali proclamate e protette dalla nostra Costituzione, una di quelle anzi che meglio caratterizzano il regime vigente nello Stato, condizione com'è del modo di essere e dello sviluppo della vita del Paese in ogni suo aspetto culturale, politico e sociale.

Ne consegue che limitazioni sostanziali di questa libertà non possono essere poste se non per legge - alla quale è demandata riserva assoluta - e devono trovare fondamento in precetti e principii costituzionali, si rinvengano essi esplicitamente enunciati nella Carta Costituzionale o si possano, invece, trarre da questa mediante la rigorosa applicazione dell'interpretazione giuridica».

Tre anni più tardi, la Corte Costituzionale ritorna sullo stesso concetto e nella sentenza 11 del 23 marzo 1968 spiega: «Il diritto sancito dall'articolo 21 è essenziale al regime di libertà garantito dalla Costituzione, inconciliabile con qualsiasi disciplina che direttamente o indirettamente apra la via a pericolosi attentati, e di fronte al quale non v'è pubblico interesse che possa giustificare limitazioni che non siano consentite dalla stessa Carta Costituzionale».

La stessa Corte, però, sul punto non è immune da allarmanti contraddizioni dato che in altre sentenze riconosce la garanzia costituzionale a interessi non previsti nella Costituzione come la sicurezza (che, come spiega il Barile, indica l'attività di prevenzione dei reati), l'integrità, l'unità, l'indipendenza e la pace dello Stato; l'ordine pubblico inteso come ordine legale alla base della civile e democratica convivenza; la morale.

«Quando la Corte definisce l'ordine pubblico come bene di valore non inferiore alla libertà di manifestazione del pensiero, dice una cosa lapalissiana, ma inconcludente, in quanto identifica l'ordine pubblico con il fine di pacifica convivenza sociale, che è il fine dello Stato e che anzi precede, logicamente e storicamente, i diritti di libertà...», ma non è nel giusto quando «...afferma che l'ordine pubblico costituisce un limite insuperabile alla tutela delle libertà in quanto bene egualmente garantito dalla Costituzione».[52]

D'accordo con il Barile si dice anche il Delitala: «In qualunque accezione venga assunto il concetto di ordine pubblico - spiega - è un limite a mio giudizio inesistente, un limite che non serve proprio a nulla... Quale ragione resta per l'ammissione di un limite autonomo dell'ordine pubblico quando per la sua palese genericità è facile che quel concetto apra l'adito all'arbitrio?».

In risposta al Delitala, cercando di porre una spiegazione esaustiva del concetto onde evitare un uso improprio del termine, il Fois spiega che «è possibile distinguere due significati di ordine pubblico. Nel primo caso si parla di tutela dell'organizzazione dello Stato da certune manifestazioni indipendentemente dal fatto che esse affermino o implichino l'utilità o la necessità del ricorso all'azione e per di più all'azione violenta... In secondo luogo ha rilevanza l'ordine pubblico come pace sociale e sicurezza nella e della comunità statuale che sarebbero messe - sia pure solo potenzialmente - in pericolo da manifestazioni che affermano la necessità o l'opportunità della violenza o propugnano dottrine e ideologie che accettano la violenza come strumento per la loro realizzazione».[53]

In realtà, nonostante il tentativo del Fois, il concetto resta comunque indeterminato e potenzialmente esposto a tentativi di arbitrio.

La Corte di Cassazione si è espressa anche sui diritti di cronaca, di critica e di censura definendoli leciti anche se espressi in modo e in termini corrispondenti agli estremi di una fattispecie penale. Sulla cronaca giornalistica ha poi affermato che tale diritto può essere esercitato anche quando ne derivi una lesione dell'altrui reputazione purché vengano rispettate tre condizioni: la verità della notizia; l'interesse pubblico alla conoscenza dei fatti; la continenza nel racconto.

Questo diritto non deve necessariamente limitarsi al riferimento dei fatti, ma può essere integrato con commenti atti a rendere più completa l'informazione rivolta ai cittadini e ai lettori. Perché solo se l'informazione è completa il pubblico è informato e quindi in grado di esprimere un proprio giudizio e trarre le debite conclusioni su un determinato avvenimento. La critica è permessa sempre purché non abbia come obiettivo solo lo scherno e il disprezzo dell'istituzione tutelata.

2.14.13.5 Un altro limite: l'apologia del fascismo

Lo sancisce la Disposizione transitoria e finale numero XII che, nei suoi due comma, recita: «È vietata la riorganizzazione, sotto qualsiasi forma, del disciolto partito fascista. (A norma dell'articolo 17 del Trattato di Pace, sottoscritto a Parigi il 10 febbraio 1947 e reso esecutivo con D.L.C.P.S. 28 novembre 1947, numero 1430: "L'Italia, la quale, in conformità dell'articolo 30 della Convenzione di armistizio, ha preso misure per sciogliere le organizzazioni fasciste in Italia, non permetterà, in territorio italiano, la rinascita di simili organizzazioni, siano esse politiche, militari o militarizzate, che abbiano per oggetto di privare il popolo dei suoi diritti democratici") - In deroga dell'articolo 48, sono stabilite con legge, per non oltre un quinquennio dalla entrata in vigore della Costituzione, limitazioni temporanee al diritto di voto e alla eleggibilità per i capi responsabili del regime fascista». A questa disposizione segue la legge di attuazione 645 del 20 giugno 1952 che identifica i movimenti neofascisti come gruppi con finalità antidemocratiche, soggetti ad usare la violenza e le minacce nella lotta politica, calpestatori delle istituzioni e dei valori della democrazia.

È lapalissiano, dunque, che nessuna garanzia costituzionale è concessa alla libertà dell'ideologia neofascista. Ma sulla questione c'è da registrare un chiarimento della Corte Costituzionale che con la sentenza 1 del 26 gennaio 1957 spiega che «l'apologia del fascismo, per assumere carattere di reato, deve consistere non in una difesa elogiativa, ma in una esaltazione tale da poter condurre alla riorganizzazione del partito fascista».

Secondo il Ruini su questa disposizione si potrebbero sollevare diverse obbiezioni. Innanzitutto dei dubbi di correttezza costituzionale per la disposizione in se stessa dato che in una costituzione vanno enunciate norme veramente giuridiche, generali e di principio e non decisioni particolari e concrete per casi specifici. Alcuni autori avrebbero rilevato una contraddizione tra questa disposizione e altri articoli della Carta costituzionale come il 17 e il 49.

Il Ruini è convinto che tale contraddizione non vi sia perché la disposizione non impedisce a dei cittadini di associarsi, ma vieta soltanto la ricostituzione di un partito, il fascista, che non si attiene al metodo democratico. Il primo dei due comma impone, per il Ruini, tre considerazioni: come va configurato il reato di riorganizzazione del partito fascista; a quale autorità e con quali garanzie sarà deferita la facoltà di scioglimento; prima di un eventuale scioglimento quali eventuali provvedimenti provvisori e cautelativi si possono prendere.

Configurare un reato di riorganizzazione del fascismo, secondo il Ruini, non è facile. Ma non si può non definirlo altrimenti si rischia di lasciare un problema nelle facoltà discrezionali di un magistrato. Secondo il disposto costituzionale non occorre che la riorganizzazione avvenga tramite un partito, ma basta anche un'associazione o un movimento che facciano riferimenti al disciolto partito fascista. Per mettere in pratica la disposizione non occorre che la riorganizzazione sia avvenuta in pieno, ma si possono colpire anche forme iniziali che, senza raggiungere tutte le caratteristiche del fascismo, perseguano finalità che gli furono proprie.

Quanto allo scioglimento, non c'è dubbio che si possa applicare questa norma con un provvedimento di legge ordinaria. Anzi la formulazione adottata nella Costituzione è così tassativa e non condizionata a leggi d'applicazione che in mancanza di tali leggi si potrebbe - e non sarebbe incostituzionale - addivenire allo scioglimento con provvedimento del potere esecutivo. In caso di necessità, secondo il dettato costituzionale, la pubblica sicurezza può prendere provvedimenti cautelativi e provvisori che però vanno immediatamente convalidati dall'autorità giudiziaria a pena di decadenza. La XII disposizione, distinguendo tra fascismo ed ex fascisti, non vuole colpire questi ultimi, ma gli eventuali tentativi di ridare corpo alla loro ideologia.

2.15 Il pluralismo a garanzia della libertà di informazione

Non ha importanza tanto la proclamazione della libertà quanto la determinazione degli istituti e delle misure diretti a garantirla o a limitarla all'interno dell'ordinamento giuridico positivo. E su questo punto l'articolo 21 è abbastanza carente. In sede costituente, infatti, non si tiene gran conto di elementi necessari allo sviluppo del settore dell'informazione come la pluralità delle fonti. Se ne parla solo nel quinto comma, ma en passant.

La Costituzione, così come già visto nel caso del sesto comma circa il limite del buon costume, è molto vaga e ambigua perché si limita a passare il testimone al legislatore ordinario prevedendone la possibilità di redigere norme che impongano alle imprese editoriali di rendere pubbliche le loro fonti di finanziamento, ma senza tracciare alcuna coordinata di riferimento. Sul perché di questa scelta pare che ci sia una giustificazione. Secondo alcuni i costituenti avrebbero adottato questo atteggiamento prudente per paura di essere accusati di favorire l'ingerenza statale nella conduzione economica delle imprese editoriali.

Comunque, grazie anche all'intervento della Corte Costituzionale, la necessità e l'importanza del pluralismo nel settore informativo viene riconosciuta come preminente su altre e gli interventi statali -

sia di natura economica che di regolazione del mercato - volti a impedire fenomeni di concentrazione vengono bene accetti in nome del diritto dei cittadini ad un'informazione pluralistica.

«L'interesse pubblico all'informazione - afferma il Crisafulli - si realizza anche con la libertà dei destinatari delle manifestazioni di scegliere tra le manifestazioni e di attingere, per informarsi e conoscere, a fonti molteplici e diverse... È possibile affermare un diritto di ciascuno ad informarsi che si presenta strutturalmente come un vero diritto di libertà civile... Non credo che questo diritto vada consacrato nei testi costituzionali e legislativi perché sembra piuttosto che esso sia implicito nella garanzia della libertà di espressione».[54]

In principio gli interventi economici dello Stato alle imprese editoriali sono di natura assistenziale, ma pian piano diventano contributi al processo di modernizzazione tecnologica. A questi seguono le norme per disciplinare le risorse pubblicitarie destinate al settore in maniera da evitare una eccessiva polarizzazione a favore di alcuni mezzi (la tv) a discapito di altri (la carta stampata) e le norme antitrust. I processi di concentrazione avviati negli anni 70 preoccupano il legislatore e l'intervento a garanzia del minacciato diritto di informazione è immediato.

Dalla paura di ingerenza dei padri costituenti si è passati, dunque, alla necessità degli interventi statali per tutelare un fondamentale servizio di pubblico interesse da indebite ingerenze. Non solo. Lo Stato oggi è chiamato a intervenire nel settore sia perché la salvaguardia della funzione sociale dell'informazione non può essere lasciata alle sole regole del mercato sia perché a questo lo obbliga il secondo comma dell'articolo 3 della Costituzione laddove impone «alla Repubblica di rimuovere gli ostacoli di ordine economico e sociale che, limitando di fatto la libertà e l'eguaglianza dei cittadini, impediscono il pieno sviluppo della persona umana e l'effettiva partecipazione di tutti i lavoratori all'organizzazione politica, economica e sociale del paese».

Sviluppo della persona e partecipazione all'organizzazione del paese alla cui garanzia contribuisce in maniera determinante anche la libertà di manifestazione del pensiero.

2.15.1 La disciplina dei mezzi di informazione

Perché la libertà di informare, di informarsi e di essere informati possa essere garantita, è necessaria una disciplina dei mezzi di diffusione in maniera tale da determinare l'effettività di tale libertà. L'informazione va difesa anche dai fenomeni concentrativi che ne limitano pericolosamente il pluralismo. L'intervento dello Stato, quindi, appare necessario dato che l'obiettività, la correttezza e la completezza dell'informazione non derivano solo dalla dialettica interna all'azienda editoriale, bensì anche da quella esterna, ossia dal confronto sul mercato tra le aziende.

Solo così i lettori hanno a disposizione gli elementi per comparare e per effettuare la taratura dell'informazione. Il problema, dunque, è come garantire il pluralismo. Secondo alcuni anche a questo penserebbe l'articolo 21. Quando al primo comma stabilisce che tutti possono manifestare il pensiero con ogni mezzo, intenderebbe affermare che tutti sono liberi di creare un'azienda di informazione senza che gli vengano opposti degli ostacoli né dalla pubblica autorità né dagli altri soggetti privati. A questo proposito si parla di libertà negativa di diffusione.

L'intervento del legislatore è necessario sia per facilitare l'ingresso e la permanenza sul mercato di queste imprese sia per fare in modo che il loro finanziamento sia ben visibile permettendo ai lettori di capire da quale parte giungono le pressioni a quel determinato organo. L'intervento pubblico nella gestione e nell'organizzazione dei mezzi di informazione spinge ad interrogarsi sull'opportunità di considerare i media come un servizio pubblico essenziale oppure no.

Solo una parte della dottrina sembra positivamente propensa a tale soluzione fermo restando, però, che ogni forma di controllo statale deve mirare - come recita il secondo comma dell'articolo 3 - solo a rimuovere gli ostacoli di ordine economico e sociale che impediscono ai cittadini di usufruire dei mass-media.

«Nelle statuizioni sui mezzi di diffusione del pensiero l'attività legislativa e regolamentare incontra un solo limite assoluto e per il resto solo prescrizioni indicative. Il limite assoluto è che non sia riservato l'uso di un mezzo in generale solo a manifestazioni di un determinato contenuto. La prescrizione indicativa è che la disciplina dei mezzi di diffusione del pensiero sia quanto più è possibile conforme o adeguata al raggiungimento del fine».[55]

2.15.2 L'intervento pubblico nel settore editoriale

L'informazione è un bene collettivo perché favorisce la crescita di un popolo grazie alle conoscenze che permette di acquisire. Ma a fornire maggiori garanzie è la pluralità delle fonti di informazione, ossia giornali, periodici, radio, televisione, Internet. La pluralità è figlia della tecnologia. Più questa sposta i suoi confini in avanti e maggiori canali di diffusione e di informazione nascono.

Quello che invece desta preoccupazione è la precarietà in cui è stata sempre svolta e si continua a svolgere l'attività giornalistica. Precarietà che mina seriamente la libertà di stampa e di conseguenza la stabilità democratica di un paese. Per tale ragione in tutti i paesi liberal-democratici sono previste norme antitrust che mirano a impedire concentrazioni di mezzi di informazione o posizioni dominanti nel settore editoriale.

«La tendenza in dottrina del trasferimento della libertà di stampa dal settore del diritto privato a quello pubblico, comporta evidenti conseguenze in tema di controlli. Anzitutto si riscontra - ed è ovvio - un maggiore interesse da parte dello Stato dal che ne consegue un maggiore controllo o, se si vuole, una più penetrante vigilanza degli organi pubblici competenti nei confronti dell'attività giornalistica... Giova rilevare che, in ogni caso, deve essere esclusa la censura preventiva perché soffoca e sopprime la libertà di stampa e contrasta con il sistema democratico, con il quale essa è nata e del quale rappresenta un insostituibile pilastro».[56]

Proprio per evitare le conseguenze negative delle concentrazioni, delle posizioni dominanti e della precarietà economica del settore «sarebbe auspicabile - secondo il Greco - l'intervento pubblico come aiuto e come stimolo per l'equilibrio economico... Intervento che appare certamente dannoso e pericoloso allorché si concreti in una determinante interferenza... L'informazione dev'essere libera ed obiettiva, non solo nella forma, ma principalmente nella sostanza. Di qui l'esigenza di garantire il pluralismo delle voci... L'informazione libera ed obiettiva è un'esigenza e un dovere: nessuna comunità, invero, potrebbe vivere, crescere e prosperare senza un'informazione che non rispondesse ai fondamentali requisiti della libertà e dell'obiettività... Lo Stato non può evidentemente rimanere insensibile di fronte al problema dell'informazione e cioè di fronte alla libertà. È indispensabile pertanto che esso garantisca validi sostegni finanziari... Lo Stato, inoltre, è tenuto ad esercitare opportuni controlli perché la stampa non subisca condizionamenti politico-economici evitando tuttavia che una tale azione si trasformi in ingerenza e pressione. Lo Stato non può sottrarsi a precisi compiti (o doveri costituzionali) ove si consideri che la stampa assicura in ogni paese democratico la più larga espansione della libertà, è essenziale per il progresso generale della collettività ed offre un valido contributo di crescita e di partecipazione democratica».[57]

È proprio per questa esigenza di garanzia, di pluralismo e di mezzi finanziari che si assegna allo Stato sia un dovere negativo (di non frapporre ostacoli alla libera diffusione e alla ricerca e ricezione di idee e notizie) sia un dovere positivo (ossia quegli interventi che possono meglio soddisfare il pubblico interesse all'informazione come, per esempio, le facilitazioni materiali ed economiche).

Su questo punto, da sempre dibattuto, gli interventi di giuristi ed esperti sono davvero molti. «Malgrado le enormi e continue trasformazioni tecnologiche che potrebbero rendere infine possibile anche a singoli o a piccoli gruppi di esercitare davvero il diritto di stampare le loro opinioni, sembra che la nostra legislazione resti solidamente ancorata alla sola ipotesi dell'esistenza di significative strutture produttive, professionali e sociali, per la produzione e distribuzione degli stampati, dimentica che il diritto costituzionale di stampa è storicamente sorto ed è tuttora configurato come un diritto individuale... Occorre riflettere sulle conseguenze dei notevolissimi progressi tecnologici e dei processi di razionalizzazione aziendale che stanno producendo profondi fenomeni sulla professionalità degli operatori dell'informazione: non si tratta soltanto delle cosiddette sinergie aziendali, ma più in generale di una forte riduzione dell'autonomo contributo individuale dell'operatore informativo e di una parallela notevole omogeneizzazione dell'informazione diffusa».[58]

A supporto di chi ritiene la funzione della stampa di pubblica utilità - giustificando così un intervento pubblico di sostegno del settore - è intervenuta anche la Corte Costituzionale che nella sentenza del 30 maggio 1977 ha ribadito che «i grandi mezzi di diffusione del pensiero sono a buon diritto suscettibili di essere considerati nel nostro ordinamento, come in genere nelle democrazie contemporanee, quali servizi oggettivamente pubblici o comunque di pubblico interesse».[59]

Da ciò deriva che «non può in materia negarsi la legittimità di interventi del potere legislativo sui liberi soggetti operanti in questo settore per imporre non solo il rispetto di limiti, ma anche il necessario mantenimento di una pluralità di imprese operanti nel settore e la garanzia di alcuni moduli organizzativi sia nel complessivo settore della stampa che nei vari tipi di imprese che vi operano; ma tutto ciò ovviamente senza contraddire il valore caratterizzante di questo particolare servizio pubblico, costituito dalla necessaria autonomia degli imprenditori che vi operano e dalla libertà di espressione del pensiero di coloro che svolgono funzioni giornalistiche».[60]

Ovviamente non si può negare la pericolosità di un tale intervento che se sviato dalla funzione per cui è invocato può recare un gravissimo danno all'esercizio della libertà per la cui garanzia è invece richiesto. E, infatti, su questo punto il De Siervo scrive: «Ma soprattutto il continuo mutamento delle politiche di sostegno e la creazione di alcuni tipi di stampa eccezionalmente agevolati evidenziano il rischio di politiche di sostegno molto mirate al conseguimento di puntuali obiettivi scelti dal sistema politico e non già invece miranti a sostenere tutte le imprese editoriali che più necessitano di particolari aiuti».

Sull'argomento tornano anche molti altri autori: «Si è fatto rilevare come la propensione a regolare normativamente l'impresa giornalistica si sottragga a censure di incostituzionalità. Infatti sussistendo rispetto all'attività di informazione quell'interesse generale che potrebbe condurre a qualificarla come servizio pubblico essenziale, l'intervento statale che, tramite la predisposizione di uno statuto giuridico speciale, apponga vincoli alle imprese giornalistiche, risulta legittimato dai principi contenuti negli articoli 41-43 della Costituzione, quando tenda ad una più effettiva realizzazione della libertà di espressione... A diversa conclusione dovrebbe pervenirsi nel caso in cui le norme giungessero ad incidere direttamente o indirettamente sulla libertà di stampa».[61]

Osce, in Italia pluralismo dell'informazione a rischio

Monopolio dei media e conflitto d'interessi sono una grave minaccia per la democrazia

di Daria Bonfietti*

Debbo amaramente cominciare questa riflessione sulla libertà dei mezzi di comunicazione di massa con una considerazione estremamente negativa: è tramontata la grande speranza che a partire dalla caduta del Muro di Berlino si potesse cancellare un passato di negazione della libertà di pensiero e di stampa per scrittori e giornalisti nei Paesi europei.

Si nutriva la fiducia che le democrazie "emergenti" avrebbero permesso di colmare il grande deficit di libertà che il passato aveva lasciato in eredità a tante popolazioni; sembrava insomma, che la libertà dei mezzi di comunicazione di massa e della stampa in genere si stesse affermando in quasi tutti gli Stati. Si è dovuto rilevare invece che negli ultimi anni molti dei nuovi governi hanno usato metodi vecchi e nuovi per contrastare le critiche che, attraverso i media, venivano rivolte alle loro politiche.

In alcuni Stati l'apertura di nuovi mezzi di comunicazione di massa è stata caratterizzata da un inaspettato atteggiamento di autocensura e, a volte, da una reale paura di nuove forme di oppressione e di limitazione della libertà di stampa. Ad esempio, nello sviluppo della nuova Russia democratica, il Cremlino ha ancora il controllo diretto o indiretto di molti giornali e della totalità dei mezzi di informazione elettronici.

Nelle elezioni politiche svolte nel dicembre scorso per la Duma, l'Osce, che era presente al monitoraggio elettorale con i suoi delegati internazionali, ha ampiamente criticato la mancanza di conformità agli standard internazionali nella contesa elettorale, proprio per l'assenza di indipendenza dei mezzi di informazione, per l'assenza di un'ampia gamma di informazioni a favore del corpo elettorale e per l'assenza di una qualsiasi forma di par condicio tra le forze politiche partecipanti alle elezioni russe.

L'Osce è l'Organizzazione per la sicurezza e la cooperazione europea che vede la presenza di parlamentari di ben 55 paesi, compresi Usa e Canada, e ha un ufficio apposito per monitorare la libertà di stampa, di informazione e dei mezzi di comunicazione di massa nei vari Paesi. Questo organismo denuncia, nei suoi rapporti annuali, fatti di estrema gravità che inducono riflessioni e considerazioni non più rinviabili. In generale l'Ufficio per la libertà dei media ha delineato alcuni dei metodi che sono stati utilizzati nell'area Osce, tanto dai governi quanto dal potere economico, per soffocare il dibattito pubblico e per limitare il campo di azione del giornalismo indipendente.

Un metodo usato a tale scopo è quello che è stato definito "la censura strutturale". Molti governi cioè, per evitare una censura esplicita, hanno introdotto una serie di metodi indiretti per colpire i mezzi di comunicazione di massa, che spesso hanno avuto un effetto scoraggiante e hanno costretto giornalisti ed editori ad esercitare una qualche forma di autocensura. La censura strutturale consiste nel procedere al ricorso, ad esempio, a corpi paragonabili alla nostra Guardia di Finanza, ad ispezioni di disturbo, con il pretesto di servizi carenti, ai proprietari degli stabili, alle società di distribuzione allo scopo di esercitare pressioni indebite sui mezzi di comunicazione.

Alla fine per poter continuare a pubblicare e a trasmettere, giornalisti ed editori sono costretti ad autocensurare la loro linea editoriale accettando compromessi. Si è arrivati all'estremo di un quotidiano che è sopravvissuto a 40 ispezioni fiscali in un anno, ma alla fine è stato costretto a cambiare completamente il suo orientamento nei confronti del potere politico ed allora non ha più avuto nessuna ispezione fiscale!

Altro metodo usato è quello che è stato chiamato "la censura per omicidio" purtroppo anche questa rimane ancora una terribile minaccia, una forma di censura estremamente ripugnante. Bisogna sempre ricordare che quest'anno sono stati uccisi due giornalisti in Russia. Va anche rammentato che raramente ci sono degli imputati per l'omicidio di un giornalista. Altra azione di disturbo usata quando la censura strutturale non è sufficiente, è l'utilizzo del reato di diffamazione a mezzo stampa e in moltissimi Paesi questo è un reato non depenalizzato.

Ed infine, quando tutti gli altri mezzi falliscono, vengono fabbricati a tavolino, nei confronti di giornalisti che hanno il coraggio di criticare i loro governanti, accuse ignobili che nulla hanno a che fare con il diritto all'esercizio di libertà di espressione. Voglio ricordare solo due nomi: Sergei Duvanov, corrispondente della rivista "Time" incarcerato in Kazakhstan e Russlan Sharipov, incarcerato in Uzbekistan. Voglio sottolineare Il caso limite del Turkmenistan: il suo è davvero un regime dittatoriale dove la funzione dei mezzi di comunicazione è solo quella di glorificare il presidente a vita e distruggere i suoi oppositori. Ma dobbiamo anche parlare di noi: non possiamo non ricordare che in campo internazionale desta preoccupazione anche la grande anomalia italiana. In Italia, dicono vari rapporti, il pluralismo dell'informazione è a rischio a causa di una situazione di proprietà da parte dell'esecutivo, anzi del suo presidente, del 90-95% dell'informazione via etere sia nel pubblico che nel privato.

Ciò è particolarmente grave anche perché l'Italia è uno dei membri fondatori dell'Unione europea e quindi dovrebbe essere punto di riferimento per le "nuove" democrazie del consesso europeo. Non è accettabile che il primo ministro di un Paese fondatore dell'Unione europea abbia fatto approvare una legge sui mezzi di comunicazione di massa fatta su misura per aiutare il proprio programma politico e gli interessi economici della sua famiglia.

Dice il tedesco Freimuth Duve, nella sua veste di responsabile dell'Ufficio Osce per la libertà dei media, nell'ultimo rapporto del luglio 2003: «Osserviamo con grande preoccupazione l'approvazione avvenuta la settimana scorsa in Italia di una nuova legge sui mezzi di comunicazione che consentirebbe alla società finanziaria della famiglia del primo ministro, Silvio Berlusconi, di fare acquisizioni nel campo della radio e dei quotidiani a partire dal 2009. Il primo ministro attraverso il suo ruolo politico e dei suoi interessi commerciali, già esercita una influenza diretta o indiretta su una quota del 95% della tv italiana. A questo proposito si deve rilevare che in Italia si sta realizzando un precedente assai pericoloso che potrebbe influenzare seriamente l'assetto dei mezzi di comunicazione in altri Stati dell'Osce, per tacere del fatto che questo mina la posizione di questo Ufficio sulla questione dei monopoli nei mezzi di comunicazione di massa».

L'Osce non ha potuto non ribadire che il monopolio dei media e il conflitto d'interessi nel nostro Paese, è, oltre che una pesante anomalia, anche una grave minaccia per la democrazia. L'altra tematica estremamente importante alla quale bisogna assegnare particolare attenzione è la libertà dei mezzi di comunicazione su Internet. I governi e la società civile dibattono sul futuro sviluppo delle tecnologie dell'informazione e sui pro e i contro di questa rete globale. È importante però che venga stabilito con chiarezza quali devono essere considerati contenuti "illegali", che ogni Paese può ovviamente perseguire, ma è altrettanto importante che sia la legislazione che l'attività di repressione colpiscano soltanto il contenuto illegale e non l'infrastruttura o Internet stessa.

Allo stesso tempo si deve porre un'attenzione particolare alla diffusione dei mezzi di comunicazione nelle società multi linguistiche; nel futuro globale di questo nuovo secolo è chiaro che non vi sarà alcun Paese completamente monolingue e anche alle varie minoranze debbono essere garantiti i necessari diritti di informazione. Importante è stata anche l'attenzione rivolta dall'Ufficio della libertà dei media al versante commerciale dei mezzi di comunicazione e su come ciò possa influire sulla politica editoriale e sul giornalismo indipendente.

Sono stati proposti un insieme di principii per garantire l'indipendenza editoriale dei mezzi di comunicazione per l'Europa e per l'Asia centrale, principi che i proprietari dei mezzi di comunicazione dovrebbero osservare non appena siano nella posizione di controllo finanziario su una testata. Lo scopo è quello che in tutti i Paesi Osce si affermi una gestione pluralistica dei mezzi di comunicazione. L'anomalia Italia anche in questo caso è stata rilevata! Finora soltanto due società di prima grandezza li hanno sottoscritti: la tedesca Die Waz Gruppe e la novergese Orkla Media AS.

*Senatrice Ds, delegata del Parlamento italiano all'Assemblea parlamentare Osce

Senza bavaglio - L'evoluzione del concetto di libertà di stampa

2.15.3 Un dipartimento per l'informazione e l'editoria

Con la legge 400/88 è stato istituito il Dipartimento per l'informazione e l'editoria che dipende dalla Presidenza del Consiglio dei Ministri. Questa struttura si occupa degli affari relativi all'editoria, all'informazione, alla stampa e alla pubblicità e di tutte le competenze del governo previste dalla legislazione sull'editoria: tenuta del Registro nazionale della stampa; controllo degli assetti proprietari e verifica dei bilanci delle relative imprese; adempimenti connessi alla concessione dei contributi e dei crediti agevolati alle varie imprese editrici previste dalla legge; espletamento delle funzioni necessarie per attuare le disposizioni relative alle varie forme di pubblicità delle amministrazioni pubbliche.

Presso il dipartimento opera la commissione paritetica governo-editori di quotidiani e di periodici istituita dall'articolo 29 della legge 67/87 per la formulazione di proposte relative al miglioramento dei servizi di distribuzione della stampa, all'ampliamento della rete di vendita, all'accesso alle informazioni, all'utilizzazione del satellite, alla definizione di un sistema di salvaguardia della stampa nel campo dell'acquisizione di pubblicità nei confronti di altri mezzi di comunicazione.

2.16 I tre aspetti giuridici della libertà di informazione

La libertà di informazione può essere vista - come abbiamo già avuto modo di vedere nel corso di questo lavoro - sotto tre distinte situazioni giuridiche:

1- Quella attiva del diritto di informare;
2- Quella passiva del diritto ad essere informati;
3- Quella intermedia - ma indicata più come passiva - del diritto di informarsi.

La prima situazione giuridica rientra nel concetto di diritto dell'informazione; la seconda e la terza rientrano invece nel concetto di diritto all'informazione. È indubbio che l'Assemblea Costituente mostri una notevole sensibilità sulla problematica della libertà dell'informazione. È anche vero che la sua attenzione è dedicata solo all'aspetto attivo facendo affiorare così un concetto che vede in maniera sostanzialmente passiva la pubblica opinione.

Ma è altrettanto vero, però, che dottrina e giurisprudenza sono partite proprio dalla disponibilità del dettato costituzionale per avviare un lungo, difficile e laborioso lavoro di interpretazione che ha permesso al concetto di libertà d'informazione, così come già inteso nell'Ottocento, di evolversi enormemente fino ad interessare anche gli altri due aspetti non espressamente esaminati in fase di redazione del dettato costituzionale.

Dopo l'entrata in vigore della Costituzione, l'informazione - a causa dell'impostazione data dai padri costituenti - ad alcuni dà addirittura l'impressione di essere subordinata al diritto di cronaca, ma pian piano prende piede una visione autonoma della libertà di informazione e quindi del suo lato attivo. Ma dato che sarebbe illogico e non corretto riconoscere all'articolo 21 un esclusivo interesse per chi deve informare, si è inevitabilmente sviluppato l'interesse-diritto di chi riceve le informazioni, ossia la situazione giuridica passiva.

«È evidente d'altronde - spiega Barile - che solo il primo profilo concreta sempre un diritto soggettivo di libertà costituzionale, il secondo costituendo piuttosto un riflesso del primo, di regola un interesse semplice non azionabile, anche se suscettibile di porsi come protagonista di profondi movimenti di opinione pubblica... si presenta come il puntuale risvolto della libertà di diffondere il pensiero».[62]

Ma il diritto all'informazione o ad essere informati, viene riconosciuto come diritto sociale non riflesso e trova, pian piano, il suo riconoscimento implicito non solo nel 21, ma anche in altre disposizioni costituzionali. Nel corso del tempo, quindi, il diritto di manifestazione del pensiero viene ampliato con il diritto ad essere informati e ad informarsi (diritto all'informazione) intesi come una sorta di bilanciamento tra pubbliche autorità e privati.

Questo perché solo un diritto ad essere bene informati o a reperire le informazioni permette la formazione di un'opinione pubblica documentata e non (o difficilmente) manipolabile. «Questo diritto all'informazione - spiega il Loiodice in opposizione al Barile - rappresenta un principio generale dell'ordinamento costituzionale suscettibile di articolarsi in una pluralità di situazioni soggettive (specificabili come diritti o interessi a seconda dei casi), coordinate e raggruppate in una unica figura dalla comune pretesa di svolgere liberamente l'attività informativa in relazione a qualsiasi fonte d'informazione... e non si configura (solo) come un diritto alla notizia (ossia ad essere informati, ndr), bensì (anche) come una possibilità di muoversi ed agire per il reperimento delle notizie tramite l'accesso alle fonti più disparate ed eterogenee (cioè informarsi, ndr)... perché il conseguimento della notizia rappresenta il risultato di un'attività conoscitiva e l'esigenza della tutela sta a monte di esso e riguarda il comportamento preliminare acquisitivo della conoscenza... È necessario superare (quindi) la tradizionale impostazione che potrebbe indicarsi come notiziale e che condurrebbe a limitare la garanzia costituzionale solo all'acquisizione conoscitiva dei fatti di interesse generale».[63]

Come il Loiodice (e in disaccordo con Barile) la pensa Heinitz: «La libertà di esprimere un pensiero è intimamente collegata con la libertà di ricevere informazioni. A cosa mai potrebbe servire la libertà di manifestare un pensiero se non c'è la possibilità di arrivare alle fonti attendibili per poter formare un giudizio serio».[64] Come loro la pensano in molti. In Italia c'è il Nuvolone, mentre all'estero ci sono il Terrou, il Bourquin, il Löeffer e molti altri.

«È con riferimento alla libertà di informarsi e di essere informati che la novità della formula "libertà dell'informazione" cessa di essere verbale per cogliere e mettere in luce esigenze e bisogni che, se proprio non esulavano del tutto dalla concezione ottocentesca della libertà di espressione o di stampa, certamente vi occupavano un posto secondario e marginale, assumendo oggi, viceversa, nella fase attuale di sviluppo della società, un valore di primo piano».[65] Oltre ai tre momenti in esame, la libertà di informazione vanta anche tre caratteri propri come la generalità (è un diritto di tutti), l'ampiezza del contenuto (vale in tutti i settori) e l'effettività (l'esistenza della garanzia costituzionale del suo esercizio).

A rimarcare maggiormente quanto detto, il Loiodice va alla ricerca di questo diritto nella Costituzione e lo trova. «Il fondamento costituzionale del diritto all'informazione - spiega appunto l'autore - non si rintraccia solo nell'articolo 21 che tutela il diritto di espressione (e quindi solo parzialmente soddisfa l'esigenza di conoscere), ma si desume dall'intero sistema costituzionale. Si desume non solo da tutte quelle libertà che garantiscono una scelta (e per scegliere occorre prima conoscere), ma anche dalle disposizioni che garantiscono il pieno sviluppo della persona umana (articolo 2), l'eguaglianza (articolo 3), la sovranità popolare (articolo 1), la partecipazione all'organizzazione del paese (articolo 3, secondo comma), la libertà di cultura (articolo 9), il referendum (articolo 75), l'iniziativa legislativa (articolo 71), la pubblicità dei lavori delle camere (articolo 64)».[66]

Si tratta cioè di tutti quegli articoli che presuppongono una conoscenza di fondo per poter esercitare una scelta.

2.16.1 Il diritto all'informazione

Nel sancire il valore costituzionale della libertà di informarsi e di essere informati, si è arrivati a coniare il diritto all'informazione. Ma giungere alla soluzione di questo problema non è stato affatto agevole. «Negli anni 50, quando si parlava di tale diritto - spiega il Loiodice - vi erano eminenti giuristi che consideravano l'argomento giuridicamente irrilevante. Si parlava al proposito di "base immaginosa priva di concreta realtà". Solo più tardi è emerso il contrario».[67]

Per trovare tale diritto nella Costituzione è stata utilizzata la tecnica dell'interpretazione sistematica. Si ritiene, cioè, che la Costituzione garantisca il diritto all'informazione perché tale tutela è implicita nell'intero sistema. La tutela costituzionale della informazione non si può ridurre solo alla garanzia della manifestazione del pensiero perché se così fosse il destinatario delle manifestazioni altrui si troverebbe in una situazione di fatto e non di diritto.

Di fronte a chi esprime dati o opinioni, colui che li riceve è passivamente destinatario di un'informazione che potrebbe essere manipolata dall'emittente. La posizione del ricevente, quindi, non sarebbe garantita e per questo va stabilito se il destinatario o utente dell'informazione ha una sua posizione autonoma di tutela costituzionale o dipende dall'emittente. Il riflesso derivante dalla tutela dell'informare come afferma Barile, non sarebbe sufficiente secondo Loiodice a fornire piena garanzia ai destinatari delle informazioni.

Questa tutela deriva anche da altri articoli della Carta costituzionale nei quali si prevede la posizione di chi vuole sapere, ossia dalle posizioni che garantiscono la libertà di scelta. «Quando la Costituzione riconosce o attribuisce una libertà di scelta - continua il Loiodice - non può negarsi che al tempo stesso garantisca il diritto di sapere quanto occorra per scegliere... Il diritto all'informazione si presenta allora quale diritto alla libertà effettiva di informazione...

Esso, come principio, diventa un meccanismo di sviluppo della società dell'informazione».[68]

Fautore del diritto all'informazione è anche il Lipari che afferma: «Qualche anno fa riflettevo sulla impossibilità logica di impostare o definire un diritto di informare senza correlativamente supporre e quindi qualificare anche un diritto a essere informati... Se l'informazione non può mai risolversi in un semplice atto riflesso, ma instaura necessariamente una correlazione intersubiettiva, risulta escluso che la norma costituzionale dell'articolo 21 possa implicare solo l'interesse di chi trasmette il messaggio e non anche quello di chi lo riceve».[69]

All'interno della società della comunicazione - continua il Lipari - è necessario che l'informazione venga vista come un rapporto. Ed è ovvio che un rapporto venga negato nel momento stesso in cui si assume che esso risulti giuridicamente caratterizzato da una sola posizione soggettiva rispetto alla quale il destinatario si collocherebbe in termini di mera dipendenza o soggezione. Anche per il Lipari, dunque, il diritto a essere informati non è una forzatura dei testi normativi bensì un'esigenza imprescindibile del diritto contemporaneo.

Dopo un lungo cammino, comunque, il diritto all'informazione è stato riconosciuto anche sul piano del diritto positivo nel nostro ordinamento. Nonostante questo, però, secondo il Corasaniti il cammino appare ancora lontano dall'essere concluso dato che ancora si dubita che possa sussistere un generale diritto all'informazione desumibile dal quadro delle disposizioni costituzionali. Tra quelli che nutrono dei dubbi ci sono, per esempio, anche il Sandulli e il Paladin.

E questo nonostante l'intervento della Corte Costituzionale che più volte ne ha riconosciuto il valore costituzionale. Per il Sandulli «nel nostro ordinamento, a livello costituzionale, esiste soltanto - e lo si ricava a un tempo dalla libertà di manifestazione del pensiero e della democraticità stessa dell'ordinamento - un principio il quale esige che la Repubblica regoli la materia dell'informazione in modo tale che il flusso dell'informazione e l'accesso all'informazione siano i più larghi e i meno limitati possibili».[70]

Per il Paladin, invece, «i destinatari dell'informazione non sono dotati nulla più che di un semplice interesse non azionabile dai singoli soggetti né contro lo Stato né contro i responsabili dell'informazione stessa».[71]

Secondo il Tamassia il problema del diritto all'informazione risulta attualmente in parte decantato sotto diversi profili giuridici. Sotto il profilo della qualificazione giuridica, da interesse generale è divenuto un interesse diffuso, quindi un interesse legittimo e si avvia a divenire quasi un diritto soggettivo specialmente in relazione alla nuova disciplina del procedimento amministrativo. Quando per diritto all'informazione si intende ricerca e acquisizione di notizie, non c'è una norma costituzionale che lo preveda, non esiste cioè una posizione soggettiva garantita come diritto inviolabile. Esiste soltanto una conseguenza di alcuni valori costituzionalmente protetti (vedi articoli 1, 3, 17, 18, 48, 49 della Costituzione).

Proprio perché non esiste una disposizione specifica su tale libertà, il Loiodice invita a una sua ricostruzione. «Attraverso un'analisi del dettato costituzionale - spiega - si comprende che si è in presenza di una libertà di carattere ampio, ad operatività generale che tutela la posizione dell'operatore conoscitivo e costituisce, sotto il profilo oggettivo, un principio generale idoneo a fornire un criterio unitario di qualificazione e tutela di tutti gli aspetti conoscitivi... L'ampiezza della libertà è tale da escludere la presenza di un oggetto che comporti limitazioni della medesima. Per tale ragione appare esatto ritenere che il suo oggetto sia la fonte d'informazione intesa sul piano giuridico così come, naturalisticamente, può ricavarsi dalla stessa realtà sociale nella quale essa vive ed opera».[72]

2.16.2 Il diritto di essere informati

È uno dei due elementi di cui si compone il diritto all'informazione. Si tratta del diritto del cittadino a ricevere l'informazione attraverso le diverse fonti. Anche se in questo contesto il soggetto viene visto in un'ottica passiva o ricettiva, l'essere informato diventa condizione fondamentale per la partecipazione effettiva alla vita sociale, civile e culturale del proprio Paese e quindi per l'esercizio attivo di altri diritti. Deriva proprio da tale ragione la richiesta di garanzie informative.

Non è affatto facile, però, configurare questa libertà come un autonomo diritto soggettivo e allora - in un primo momento - viene accolta la tesi di coloro che pur non invocando un diritto soggettivo, ritengono che sia necessaria una certa tutela a questa posizione passiva così come la si garantisce a quella attiva. La dottrina prevalente va ancora oltre e ritiene che la ricezione delle notizie vada configurata come un diritto della personalità. E dato che questo riferimento nell'articolo 21 non c'è, lo trova nell'articolo 10 della Convenzione europea per la salvaguardia dei diritti dell'uomo e delle libertà fondamentali firmata a Roma il 4 novembre 1950 e ratificata in Italia con la legge 848 del 4 agosto 1955 oltre che nella Dichiarazione dell'Onu.

All'articolo in esame si legge: «Ogni persona ha diritto alla libertà di espressione. Questo diritto comprende la libertà di opinione e la libertà di ricevere o di comunicare informazioni o idee senza che vi possa essere interferenza di pubbliche autorità e senza riguardo alla nazionalità...».

Anche se riconosce il valore dei documenti e delle dichiarazioni internazionali, il Chiola trova un fondamento al diritto di essere informati anche nella nostra Costituzione. Ammette che tale diritto non ha tutela costituzionale in via diretta, ma gliela riconosce in via mediata facendo ricorso alla garanzia che la Costituzione fornisce alla stampa in quanto strumento d'informazione. Partendo da questo presupposto, la teoria si spinge più in là e trova una copertura di tale diritto passivo anche nell'articolo 2 della Costituzione.

Il Fois va ancora oltre e trova questa tutela addirittura nell'articolo 21. «Quello di ricevere informazioni è un vero e proprio diritto di libertà - scrive - ma tuttavia specularmente connesso al diritto di diffondere le informazioni, cioè come semplice diritto a ricevere con qualsiasi mezzo ogni informazione se ed in quanto essa sia pubblicamente diffusa... L'esigenza che ognuno possa essere informato quanto meglio e più completamente è possibile non è stata ignorata dal nostro legislatore costituzionale. Qual è infatti la spiegazione e la giustificazione del quinto comma dell'articolo 21? È quella di offrire a chi vuole essere informato il modo di pesare il valore delle notizie e di valutare la loro attendibilità... Nel nostro ordinamento costituzionale il cosiddetto diritto ad essere informati è quindi tutelato indirettamente, principalmente attraverso la tutela del diritto di cronaca».[73]

Secondo altri la libertà passiva di informazione sarebbe postulata dalla stessa libertà attiva dato che l'informazione non avrebbe senso se non ci fosse qualcuno ad avere un interesse a recepirla.

La Corte Costituzionale, anche se non parla di un diritto, vede nella ricezione delle informazioni un interesse generale e nella sentenza 348 dell'11 luglio 1990 riconosce un collegamento tra tale interesse e la garanzia offerta dall'articolo 21: «L'informazione nei suoi risvolti attivi e passivi - libertà di informare e diritto ad essere informati - esprime una condizione preliminare per l'attuazione della forma propria dello Stato democratico».

Inoltre, ribadendo quanto detto in altre occasioni, ricorda che i mezzi di diffusione delle notizie hanno il dovere di soddisfare l'interesse del pubblico all'informazione sia attraverso la pluralità delle fonti di informazione, sia con il libero accesso a queste, sia con la rimozione di ostacoli alla circolazione di notizie e idee.

«In altri termini - spiega meglio il Barile - la libertà di essere informati (o di ricevere informazioni, ndr) pur non essendo configurata nel nostro ordinamento come autonomo diritto soggettivo di libertà, esprime un interesse costituzionale rilevante - un valore costituzionale - implicito sia nell'articolo 21, sia nei principi della partecipazione e del pluralismo, idoneo a giustificare norme positive volte a garantire la pluralità delle fonti di informazione e la partecipazione dei cittadini all'elaborazione e al controllo delle informazioni. Solo in tal modo, d'altra parte, si può effettivamente garantire quella obiettività e completezza dell'informazione che costituisce finalità immanente dell'attività informativa».[74]

2.16.3 Il diritto di informarsi

In quanto secondo elemento dello stesso diritto all'informazione, quello di informarsi non è molto dissimile dal precedente concetto anche se è un po' più complesso. Si tratta cioè del diritto di accedere in via diretta alle fonti informative. Secondo una parte della dottrina, il diritto di informarsi - situazione giuridica sia passiva che attiva - è strumentale a quello di informare perché solo se il soggetto è informato può riferire ai terzi.

E sono in tanti a ritenere che il diritto di informarsi può contare sulla garanzia costituzionale proprio grazie allo stretto rapporto vantato con il diritto attivo di manifestazione del pensiero. Ancora più decisa si è dimostrata la Corte Costituzionale che, con la sentenza 1 del 1981, ha affermato che il diritto di informarsi rappresenta un aspetto della più ampia libertà garantita dall'articolo 21 presentandola come una situazione giuridica autonoma.

E a lei fanno eco - anche in questo caso - la Convenzione europea dei diritti dell'uomo con il suo articolo 10 e la Dichiarazione universale dei diritti dell'uomo dell'Onu. Particolarmente espressivo è l'articolo 19 della dichiarazione Onu che, accanto alla libertà di opinione, riconosce espressamente quella di cercare informazioni: «Ogni individuo ha diritto alla libertà di opinione e di espressione incluso il diritto di non essere molestato per la propria opinione e quello di cercare, ricevere e diffondere informazioni e idee attraverso ogni mezzo e senza riguardo a frontiere».

Dove diritto di cercare informazioni va inteso sia a vantaggio del giornalista che le usa per poter informare che della collettività.

Il fondamento di questo momento viene comunque trovato anche nella Costituzione. Sia nell'articolo 21 che in tutti quegli articoli nei quali vengono sancite - come abbiamo detto sopra - libertà che garantiscono possibilità di scelta (diritto di voto, di culto, di associazione, di domicilio, di avviare iniziative economiche e altre) alla cui base ci deve necessariamente essere una libertà o un diritto di reperire informazioni.

Su questo punto sono in molti a non essere d'accordo. Secondo lo Zaccaria non è legittimo fare leva sull'interesse generale all'informazione, sull'esigenza della più estesa informazione possibile, che emerge dall'articolo 21, per affermare il fondamento di un generale diritto di accesso alle fonti più varie e diverse, sia che queste siano in mano pubblica che in mano privata.[75]

Sbaglia lo Zaccaria, però, quando afferma che «non sembra possibile rintracciare direttamente nella Costituzione un principio di generale pubblicità dei fatti e delle notizie attinenti ai pubblici poteri». A questa affermazione possiamo opporre quella del Sandulli - ma anche di molti altri autori - che, al contrario, riconoscono il principio costituzionale a che lo Stato elimini qualsiasi ostacolo che impedisca l'accesso all'informazione. E ribadiscono che in democrazia la regola è la trasparenza mentre il segreto deve essere solo un'eccezione.

Ma «il diritto di ricercare le informazioni assume sicuramente la qualità di diritto soggettivo ad ottenere determinate notizie (solo) quando corrisponda al dovere di fornirle che può far capo sia a soggetti privati che a soggetti pubblici. Si possono citare ad esempio il diritto dei lavoratori di controllare l'applicazione delle norme per la prevenzione degli infortuni e delle malattie professionali; o il diritto dei cittadini di ottenere informazioni sull'attività degli enti».[76]

L'articolo 21 è completo, basta applicarlo

Ma bisogna fare i conti con il pericolo di interpretazioni meramente politiche e con gli ostacoli alla completa attuazione del dettato costituzionale
di Enrico Di Nicola*

Premessa

La lettura dell'opera di Cesario Picca "L'evoluzione del concetto di libertà di stampa", nella sua completa e profonda illustrazione di uno degli aspetti principali del divenire delle democrazie, mi ha fatto rivivere da un lato la mia lunga esperienza giudiziaria di magistrato "in trincea" sempre impegnato ad applicare la legge alla luce della nostra Costituzione della Repubblica, da me ritenuta non soltanto fonte primaria del diritto, ma punto centrale di riferimento culturale di principi e valori fondamentali ormai storicamente affermatisi come universali; dall'altro lato, e soprattutto, la mia sentita esperienza di "cittadino" che ha avuto la fortuna di essere vissuto e di vivere ancora con questa Costituzione di cui l'art. 21, letto sistematicamente, costituisce la massima espressione.

Tutto questo sta a significare che, così come ha fatto Picca, al centro di qualsiasi riflessione sulla libertà di stampa, oggi, debbono essere messi la Costituzione della Repubblica e i suoi valori. Pertanto, preliminarmente, ritengo di dover ricordare quanto da tempo vado continuamente dicendo e ripetendo in merito, nella speranza che, prima o poi, i valori stessi siano completamente attuati.

La Costituzione della Repubblica e i suoi valori

La Costituzione italiana, approvata dall'Assemblea Costituente il 22/12/1947 ed entrata in vigore l'1/1/1948, costituisce a detta di tutti, almeno sotto il profilo formale, malgrado la sua non verde età, una delle migliori Costituzioni del mondo e la più adeguata, specie per quanto riguarda gli obiettivi democratici predisposti e gli strumenti di controllo adottati (controlli parlamentari, giurisdizionali, sociali), a far fronte alle complesse esigenze delle società moderne più civili e sviluppate non a caso. Non è qui il caso di analizzare contenuto, storia e vita della nostra Costituzione, la cui "prima parte" – compreso l'art. 21 nella sua evoluzione applicativa – è, almeno a parole, riconosciuto e condiviso da tutte le forze politiche oggi rappresentate nel Parlamento italiano.

Appare però opportuno ricordare a chi ritiene - forse troppo superficialmente e solo giornalisticamente, seguendo le mode correnti

- di vivere in un mondo nuovo che ancora non c'è e che, pertanto, non ancora si conosce e si può valutare, e soprattutto a coloro che aspirano a modifiche sostanziali anche della "prima parte" cercando di realizzarle con modifiche della 2a parte incidenti in modo determinante sulla 1a, alcuni punti di riferimento che hanno fatto, fanno e continueranno a fare, della nostra Carta Costituzionale il centro focale di quella che dovrebbe essere la nostra cultura istituzionale. Si tratta del fondamento storico, del fondamento giuridico, del fondamento politico e, soprattutto, dei "valori" cui essa è informata e della gerarchia di valori che essa prefigura:

- Il fondamento storico è rappresentato dall'esito della seconda guerra mondiale, dalla Resistenza, dalla fine del regime fascista, dall'avvento della Repubblica nata il 2 giugno del 1946;

- Il fondamento politico è rappresentato dal rifiuto del fascismo, dalla affermazione del metodo democratico come metodo di lotta politica con deciso ripudio della violenza, dal riconoscimento delle libertà politiche e civili, ed, insomma, dalla volontà politica di costituire uno stato moderno di diritto e sociale, a struttura liberal-democratica, diretto alla realizzazione di valori primari - analiticamente indicati come "principi fondamentali" (artt. da 1 a 12) - attraverso una precisa disciplina dei rapporti civili, etico-sociali, economici e politici dei cittadini in una concezione dei diritti-doveri mirante alla piena e cosciente responsabilizzazione di tutti e di ciascuno;

- Il fondamento istituzionale è rappresentato dalla scelta del sistema parlamentare basato su una netta tripartizione dei poteri intesa, però, non come separazione conflittuale, ma come distinzione, sia pur netta, ma coordinata ed equilibrata delle rispettive attribuzioni considerate, conseguentemente, come funzioni piuttosto che come poteri in senso stretto, per lo svolgimento dell'armonica attività unitaria dello Stato volta alla realizzazione dei valori e al raggiungimento dei fini prefigurati nelle disposizioni previste dall'art. 1 all'art. 54 della Costituzione.

Si giunge, così, al tema centrale, quello dei "valori" caratterizzanti a tal punto la nostra Costituzione da farla definire - con aggettivo che oggi purtroppo ha assunto significato negativo - Costituzione "ideologica". Si tratta dei "valori" portanti indicati nei "Principi fondamentali" (artt. da 1 a 12) e costituenti - a cominciare dal suffragio universale, dal metodo democratico, dalla tutela del lavoro, dai diritti inviolabili e dai doveri inderogabili dell'uomo, dal principio di uguaglianza, dal rifiuto della violenza e della guerra come mezzi per risolvere i problemi interni ed internazionali - il vertice della gerarchia di valori su cui si fonda la nostra Repubblica. E si tratta non di confusione dei valori, ma di integrazione a sintesi dei valori provenienti dai filoni culturali reali che vivificano il nostro Paese, la nostra società, il nostro popolo e, quindi, la nostra Nazione: la cultura liberale, la cultura socialista, la cultura cattolica, così come maturate in Italia e in Occidente che fanno della nostra Costituzione una costituzione di valori concreti e non astrattamente ideologica.

Né alcuna confusione può essere consentita dall'art. 49 Cost. che prevede i "partiti" come strumento essenziale del metodo democratico per consentire a tutti i cittadini di concorrere liberamente a determinare la politica nazionale perché qui sono i cittadini che si servono dei partiti per partecipare e non, come in certi casi è avvenuto ed avviene, i partiti, quali centri di potere, che si servono dei cittadini per fini che poco o nulla hanno a che fare con quei valori.

È sufficiente un cenno ad alcune norme della Costituzione per rendersi conto di come sia felice la sintesi tra i filoni culturali caratterizzanti la storia d'Italia. L'art. 1 è la proclamazione della democrazia con il riconoscimento, da un lato della sovranità popolare attuata attraverso il suffragio universale e, dall'altro, del sistema liberal-democratico proiettato alla tutela del lavoro a cui corrisponde il diritto al lavoro previsto nell'art. 4; gli artt. 2 e 3 sono l'affermazione dello Stato di diritto e sociale. Ai diritti inviolabili dell'uomo - come singolo e nelle formazioni sociali - corrispondono i doveri inderogabili di solidarietà politica economica sociale.

Il principio di uguaglianza, sia sotto il profilo formale che sostanziale, è affermato nell'art. 3. Tra i diritti di libertà, la libertà di manifestazione del pensiero e la libertà di stampa garantiti dall'art. 21 Cost. assicurano, con l'esercizio del diritto-dovere di cronaca e di critica, il diritto e dovere di informare e di essere informati e, pertanto, anche la importantissima funzione di controllo esplicata, mediante i "mass media", sui centri di potere pubblici e privati e sull'adempimento, da parte di ciascuno, dei doveri di cui all'art. 54 Cost.

Ed è in questa prospettiva che va considerato il richiamo alla trasparenza dei mezzi di finanziamento della stampa periodica contenuto nel comma 5 dell'art. 21 in relazione alla libertà di iniziativa economico privata - con i limiti dell'utilità sociale, della sicurezza, della libertà, della dignità umana - avente per obiettivi finali i fini sociali (art. 41) con conseguente previsione della funzione sociale della proprietà privata. Certo, tra i vari valori da tutelare possono sorgere e sorgono contrasti nella complessa realtà della vita sociale che vede spesso contrapposti i valori dell'Autorità e della Libertà, della giustizia sociale e dei diritti individuali, della persona singola e della società, e non può ignorare la distinzione tra beni strumentali (ad. es. indipendenza del pubblico ministero ed obbligatorietà dell'azione penale) e beni finali (diritto di uguaglianza dei cittadini di fronte alla legge).

La Costituzione si pone anche questo problema e lo risolve con il bilanciamento degli interessi, con l'indicazione ed il perseguimento degli obiettivi finali, e, soprattutto, con il principio di legalità e con la disciplina della funzione giurisdizionale esercitata da una magistratura indipendente ed autonoma che, nell'applicazione della legge al caso concreto, deve dirimere i contrasti tra i valori ricordando che la fonte primaria interpretativa è la Costituzione della Repubblica. Non posso fare a meno, infine, di sottolineare che:

1- al centro della nostra Costituzione "di valori" c'è lo Stato di diritto e sociale, c'è l'ordinamento giuridico garante di quei valori;

2- al centro di tutti i valori costituzionali c'è l'uomo, visto non soltanto come persona singola, ma come persona che vive in società, come persona che può crescere solo in quanto cresca e nella misura in cui cresca la collettività, come persona che ha quindi la responsabilità di se stesso e reciprocamente degli altri nel divenire dell'umanità.

In questo quadro ritengo debba essere intesa la "Evoluzione del concetto di libertà di stampa" descrittaci da Cesario Picca con le conseguenti riflessioni scaturenti da alcuni punti del suo lavoro:

- il pericolo di interpretazioni meramente politiche delle Costituzioni occultate dietro pseudo-interpretazioni giuridiche;

- gli ostacoli opposti alla realizzazione dei valori della nostra Costituzione nella interpretazione e nell'applicazione;

- l'esame dell'art. 21 nel sistema dei "rapporti" previsti negli artt. da 13 a 54 della Costituzione illuminati dai "principi fondamentali".

Il pericolo di interpretazioni meramente politiche dietro pseudo-interpretazioni giuridiche.

La storia ci insegna che quando le Costituzioni democratiche si calano in società che sono governate e dirette da potentati i quali soltanto formalmente accettano i valori da tali Costituzioni espressi, tutelati e garantiti, ma in realtà li rifiutano o, comunque, occultamente di fatto li combattono pur se apparentemente li tollerano, i diritti democratici fondamentali tardano o faticano a trovare effettiva attuazione ed hanno bisogno, anche per essere formalmente applicati a livello giurisdizionale, della evoluzione democratica dell'ordinamento giuridico in cui si collocano. Nella storia dell'età moderna vi sono molti esempi di tale inganno. Basta leggere il saggio "Alfa e Omega.

Appunti primordiali" di Carlo Cardia in cui vengono citati il tradimento di principi tratti da due grandi fondamenti della modernità, la Dichiarazione di indipendenza americana e l'Illuminismo, per avere un'idea della rilevanza di tale realtà.

Nella "Dichiarazione d'indipendenza americana" del 1776 si legge: «Riteniamo che queste verità non abbiano bisogno di dimostrazione alcuna: che tutti gli uomini sono stati creati uguali; che sono insigniti dal loro Creatore di certi inalienabili diritti; che tra questi ci sono il diritto alla Vita, il diritto alla Libertà e alla ricerca della Felicità».

Nella pratica applicazione la Corte Suprema americana, nel distinguere l'uomo bianco dal "negro", con antenati venduti come schiavi, nel 1857 afferma: «Le parole "popolo degli Stati Uniti" e "cittadini" sono termini sinonimi, e indicano la stessa cosa. Entrambi descrivono il corpo politico, che, secondo le nostre istituzioni repubblicane, forma la sovranità, e che detiene il potere e regge il governo tramite i suoi rappresentanti. Sono ciò che familiarmente chiamiamo il "popolo sovrano", ed ogni cittadino è un esponente di questo popolo e un membro costituente della sua sovranità. Noi riteniamo che gli individui di colore non lo siano, che non ne facciano parte, e che non si sia mai pensato di includerli nella parola "cittadini" compresa nella Costituzione e che non possano perciò reclamare nessuno dei diritti e privilegi che quello strumento fornisce e assicura ai cittadini degli Stati Uniti. Al contrario, essi venivano all'epoca considerati come una classe di esseri subordinati e inferiori, che erano stati soggiogati dalla razza dominante e che, fossero emancipati o meno, rimanevano tuttavia soggetti alla autorità dei bianchi e non avevano alcun diritto o privilegio a parte quelli che coloro che erano al potere e al governo potevano scegliere di concedere loro. Non è competenza di questa Corte decidere la giustizia o l'ingiustizia, l'avvedutezza o la non avvedutezza di queste leggi. La decisione su tale questione è appartenuta al potere politico o legislativo, a coloro che hanno formato la sovranità e concepito la Costituzione. Il dovere di questa Corte è di interpretare lo strumento che essi hanno creato, per far luce al meglio sull'argomento, e di applicarlo così com'è, secondo il suo originale intento e il significato che aveva quando fu adottato».

«Secondo l'opinione della Corte, la legislazione, la storia e lo stesso linguaggio usato nella Dichiarazione di Indipendenza, dimostrano che né gli individui che erano stati importati come schiavi, né i loro discendenti, che fossero divenuti liberi o meno, erano allora riconosciuti come parte del popolo, né si intendeva includerli nei termini generali adoperati in quel memorabile strumento.

Ma è fin troppo chiaro perché venga messo in discussione che la razza Africana schiavizzata non era inclusa, e non formava parte del popolo che concepì e adottò questa Dichiarazione; perché se il linguaggio così come era compreso nell'epoca avesse voluto includerli, la condotta dei distinti gentiluomini che concepirono la Dichiarazione di Indipendenza sarebbe stata stranamente e indubbiamente incoerente con i principi che asserivano; e invece della simpatia dell'umanità, a cui avevano così confidentemente fatto appello, avrebbero meritato e ricevuto universale biasimo e riprovazione». .

Anche dopo l'abolizione della schiavitù rimane l'"apartheid", sicché la stessa Corte, nel 1896, stabilisce: «Una legge che implichi solo una distinzione legale tra le razze bianca e di colore – distinzione che si fonda sul colore della pelle delle due razze, e che esisterà sempre finché i bianchi si distingueranno dall'altra razza per il colore della loro pelle – non tende a distruggere l'uguaglianza legale delle due razze, o a ristabilire uno stato di servitù involontaria.

Le leggi che proibiscono i matrimoni misti tra le due razze possono essere considerate in senso strettamente tecnico come interferenti con la libertà contrattuale, eppure sono state universalmente riconosciute come inerenti alla forza dell'ordine dello stato. Quando il governo ha assicurato ai suoi cittadini uguali diritti davanti alla legge e uguali opportunità per il miglioramento e il progresso, ha compiuto il compito per il quale è stato organizzato e ha operato tutte le funzioni spettanti i vantaggi sociali delle quali esso è investito.

La legislazione non ha il potere di sradicare gli istinti razzisti o di abolire le distinzioni basate sulle differenze fisiche, e il tentativo di farlo non farebbe che accentuare le difficoltà della situazione presente. Se i diritti civili e politici di entrambe le razze sono uguali, una non può essere inferiore all'altra civilmente o politicamente. Se una razza è inferiore all'altra socialmente, la Costituzione degli Stati Uniti non può porle entrambe sullo stesso piano» .

L'Illuminismo, da parte sua, che doveva essere l'uscita dalle tenebre (Voltaire) e la manifestazione del coraggio di servirsi dell'intelletto come guida (Kant) con la Rivoluzione francese che finalmente rivendicava, per il popolo, diritti primordiali ed elementari, ci ha dato anche l'orrore dei massacri del 1793 e, successivamente, anche prima dell'avvento di Napoleone Buonaparte, l'"esclusione" dei "deboli" che da quel momento domina l'età borghese.

Ricorda Cardia nell'opera citata: «Sono escluse le donne dal voto, perché incapaci naturali come i bambini (Kant), e dalla vita sociale. Sono esclusi i poveri e i non proprietari dalla partecipazione alla vita politica, perché non hanno "il tempo indispensabile all'acquisizione della cultura e di un retto giudizio"; infatti, "soltanto la proprietà rende gli uomini capaci di esercitare i diritti politici" (Constant). Sono esclusi i bambini del popolo dai giochi e dalla tenerezza, perché lavorano a 10 anni per 12 ore al giorno (Bowe). Sono escluse dal gran banchetto della natura tutte le classi subalterne. I soliti gesuiti dell'800 predicano loro che il suffragio universale porterà ad "un rovescio di tutti gli ordini del civile consorzio"».

Lasciando da parte le guerre mondiali, la bomba atomica, il controllo mondiale dell'economia e, da ultimo, la globalizzazione, richiamiamo, sì, con orgoglio le varie Carte e Convenzioni internazionali sui diritti umani e civili che caratterizzano gli ultimi anni di questo millennio, ma, agli albori di questo nuovo millennio domandiamoci soprattutto, con Cardia, «se non abbiano preso il posto degli schiavi, antichi e recenti, dei segregati e asserviti di tutti i secoli, quei poveri della terra che assommano ad alcuni miliardi, che occupano quasi i due terzi del pianeta, e per i quali la lettura delle nostre Carte dei diritti umani può costituire una fonte di incubi, anziché di sogni e di speranze».

Si è constatato, così, nella storia, che il consenso sui principi fondamentali è stato spesso strumentalizzato da chi sostanzialmente dissentiva perché privilegiava i rapporti di forza, essendo ricco e potente, ed in realtà così tradiva, con l'azione effettiva, la parola apparente e menzognera. E questo dato non può essere ignorato.

E non può essere ignorato soprattutto quando si parla, oggi, in Italia, della "evoluzione del concetto di libertà di stampa", intesa come diritto alla informazione nei suoi rapporti con la democrazia, e come diritto a informare, di informarsi e di essere informati, ed, altresì, dei limiti entro i quali la stessa libertà di stampa deve essere esercitata, tenuto conto dei nuovi mezzi di comunicazione di massa e della loro dipendenza dal sistema economico-politico. Infatti è un dato che spiega i motivi di una certa evoluzione e della necessità che tale evoluzione continui a sviluppare la democrazia formale (necessaria ma non sufficiente) in democrazia sostanziale (che non può fare a meno della democrazia formale).

D'altra parte, come emerge chiaramente dall'opera del Picca, la libertà di stampa di cui all'art. 21 della Costituzione costituisce, con il principio di legalità e distinzione dei poteri, la massima garanzia del carattere democratico della nostra Repubblica. Pertanto, ben si comprende perché, malgrado la chiarezza dei precetti costituzionali, sul punto ci sia voluto tanto tempo a riconoscere pienamente tutti gli aspetti della libertà di informazione, almeno sotto il profilo giuridico-formale che è, comunque, essenziale.

Al riguardo è doveroso ricordare l'opera, meritoria e preziosa, svolta dalla Corte Costituzionale (si pensi ad esempio alle sentenze 105/72, 148/81, 153/87, 826/88, 112/93, ecc.) la quale, proprio per questo, ha dovuto ultimamente anche subire ingiustificabili attacchi e contestazioni. Gli ostacoli opposti all'attuazione della Costituzione anche in relazione all'articolo 21.

Alla luce delle osservazioni che precedono si ricorda che la Costituzione italiana, pur avendo rivoluzionato l'assetto ordinamentale italiano, si calò, nel 1948, in una realtà umana e sociale, almeno a livello di massa, ben lontana dalla sua dimensione moderna. I problemi dell'esistenza materiale erano primari e la cultura era antica. La mentalità era ancora limitata, se non fascista. Molta parte della classe dirigente si oppose. La distinzione tra norme programmatiche e norme precettive, inizialmente operata, con una estensione anomala, inconcepibile e reazionaria dalla Corte di

Cassazione, determinò un ritardo notevole nell'applicazione della Costituzione.

Conseguenze ancor più notevoli e decisive dipesero dalla lunga e travagliata attuazione della Corte Costituzionale (istituita nel 1953) e del Consiglio Superiore della Magistratura (istituito nel 1958). I superamenti di questi ed altri numerosi e seri ostacoli, posti e voluti da chi si opponeva ai valori costituzionali, costituirono tappe importanti ed obbligate per l'attuazione della Costituzione e per la sua marcia verso la trasformazione da Costituzione formale a Costituzione materiale perché consentirono quelle evoluzioni dell'ordinamento giuridico che portarono all'affermazione concreta di molti dei valori costituzionali.

Tutto ciò è avvenuto anche e soprattutto in relazione all'attuazione dell'articolo 21. Il percorso, tuttavia, va completato ed è ancora lungo e ricco di ostacoli (si pensi ad esempio all'informazione radio-televisiva in rapporto alla politica e all'economia; al pluralismo interno, per la tv pubblica, ed al pluralismo esterno, per la tv privata; alle fonti di finanziamento e di condizionamento; al rapporto tra formazione e nuovi mezzi di comunicazione; ecc.).

Il problema a mio avviso, non potrà mai considerarsi risolto fino a quando, nella pratica, come purtroppo avviene, si cercherà di ignorare o addirittura di strumentalizzare l'ordinamento facendo valere la forza, con l'esercizio del potere e l'uso del denaro, o violando, magari in nome di diritti altrui e/o della pretesa di esercitare altri diritti, la disciplina costituzionale dei rapporti o, peggio, i principi fondamentali di tutela della persona umana, di uguaglianza, di solidarietà.

Lo stesso costituente, del resto, si è accorto di quanto sia grande o possa essere grande la differenza tra diritto ed esercizio concreto del diritto e, conseguentemente, tra dovere e adempimento pratico del dovere quando, nell'articolo 3 cpv, ha stabilito con norma precettiva – nei limiti della storicità e della ragionevolezza – e non meramente programmatica, che è compito della Repubblica rimuovere gli ostacoli di ordine economico e sociale, che, limitando di fatto la libertà e l'uguaglianza dei cittadini, impediscono il pieno sviluppo della persona umana e l'effettiva partecipazione di tutti i lavoratori all'organizzazione politica, economica e sociale del Paese.

Ed è sufficiente pensare al diritto di manifestazione del proprio pensiero, con riferimento alla gestione dei mass media che è sotto gli occhi di tutti, per rendersi conto dell'enorme iato sopra evidenziato e che in tanto può essere superato in quanto, alla luce degli insegnamenti della Corte Costituzionale, venga attuato il principio di legalità con una nuova cultura istituzionale e ricordando che la fonte primaria del diritto è la Costituzione della Repubblica. Sorge, a questo punto, il problema dell'interpretazione dell'articolo 21 della Costituzione.

L'articolo 21 nel sistema dei "rapporti" previsti negli artt. da 13 a 54 illuminati dai "principi fondamentali"

Nell'opera del Picca più volte viene ricordato che molti, imputando ai costituenti di non avere parlato espressamente della libertà di informazione, intesa come diritto di informare, di informarsi e di essere informati, attribuiscono il merito dei risultati oggi finalmente raggiunti, soltanto alla dottrina ed alla Corte Costituzionale che avrebbero rimediato alle omissioni lamentate svolgendo un grande lavoro per trovare faticosamente il fondamento del diritto di informare e di essere informati - nell'art. 21 della Costituzione in cui sarebbe prevista espressamente la libertà di manifestazione del pensiero, anche con un limitato riferimento alla libertà di stampa, ma non la libertà di informazione emergente - invece dall'art. 19 della "Dichiarazione universale dei diritti dell'Uomo" approvata il 10/12/1948, dall'Assemblea delle Nazioni Unite e dall'art. 10 della "Convenzione per la salvaguardia dei diritti dell'uomo e delle libertà fondamentali" del 4/11/1950 ratificata con legge n. 848 del 1955.

Al riguardo, sulla base di quanto in precedenza osservato sulla Costituzione della Repubblica ed i suoi valori, ritengo invece, forse con un certo presuntuoso orgoglio, che siano state le Convenzioni internazionali citate - tutte successive alla dichiarazione dell'Assemblea Costituente del 22 dicembre 1947 e tutte proiettate verso la tutela dei diritti individuali per il riconoscimento di uno Stato di diritto senza essere vincolate a prospettive di carattere anche sociale - a dover effettuare lo sforzo di esplicare compiutamente il significato del "diritto di manifestare liberamente il proprio pensiero con la parola, lo scritto ed ogni altro mezzo di diffusione" tra cui la stampa; sforzo, si badi bene, non necessario per l'ordinamento giuridico costituzionale italiano proteso, sulla base dei "principi" e dei valori, all'inizio ricordati, alla costituzione di uno Stato di diritto e sociale.

Ciò sta a significare che l'art. 21 della Costituzione doveva, e non poteva non essere interpretato, fin dalla entrata in vigore della Costituzione Repubblicana, come comprensivo del diritto di essere informati e ad informarsi, imponendolo l'intero sistema costituzionale imperniato:

a) sui "principi fondamentali" di cui agli artt. da 1 a 12 della Costituzione tra cui assumono rilevanza essenziale l'art 1, l'art. 4 comma 2, l'art. 9 e, soprattutto, gli artt. 2 e 3 Cost. alla luce dei quali ogni altra disposizione concernente "i diritti ed i doveri dei cittadini" deve essere letta, valutata ed attuata;

b) su una concezione dei "diritti e doveri dei cittadini" (titolo della Parte prima della Costituzione) caratterizzata dal fatto che ogni diritto è affermato, tutelato, riconosciuto, garantito, in relazione ai diritti degli altri cittadini divenendo "dovere" nel momento in cui il suo esercizio viene a ledere il diritto altrui e nell'ambito di "rapporti civili", "rapporti etico-sociali", "rapporti economici" e "rapporti politici" (titolo I, II, III e IV della Parte prima della Costituzione) i quali dimostrano che i "diritti ed i doveri" rappresentano le facce di una stessa medaglia che si chiama "responsabilità" (art. 54 Cost.): concezione che assume enorme rilevanza nell'esame dell'art. 21 Cost. letto, alla luce dei "principi" di cui sub a) in relazione agli artt. 17, 18, 19, 33, 35, 39, 41, 49, Costituzione.

Le stesse considerazioni valgono, a mio avviso, per sostenere che:

- Gli unici limiti consentiti alla libertà di manifestazione del pensiero – per i quali vale la riserva di legge – devono trovare fondamento diretto in precetti e principi costituzionali;

- Il sistema di informazione svolge una essenziale funzione al servizio dell'ordinamento democratico e, proprio per questo, è necessario che sia caratterizzato dal pluralismo delle fonti di informazioni sia nel settore privato che in quello pubblico.

Restano pertanto molti problemi ancora da risolvere per superare le conseguenze estremamente negative del gap che in troppi settori esiste tra teoria e pratica, tra riconoscimento dei diritti ed effettivo esercizio dei diritti da parte di tutti. L'importante, però, e che si continui a percorrere la strada diretta a salvaguardare e garantire i valori costituzionali – tra cui quelli fondamentali dell'art. 21 Cost. – e gli strumenti che hanno dimostrato di poterli finalmente attuare. L'obbiettivo di tutti, infatti, deve essere quello di attuare, sia pure utilizzando nuovi strumenti ordinamentali, la Costituzione della prima Repubblica, spesso tradita nella sua realizzazione concreta, evitando assolutamente di distruggerla o indebolirla con il pretesto di modificarne gli strumenti attuativi.

*Procuratore capo di Bologna

2.16.4 L'informazione amministrativa

È forse la prova più lampante di quanto detto finora circa il diritto all'informazione. Una distinzione che occorre fare è quella tra diritto all'informazione e diritto alla conoscibilità. Nel primo caso si indica la necessità di permettere a chiunque di partecipare in maniera attiva e informata all'amministrazione della cosa pubblica. Nel secondo si riconosce il diritto del singolo ad informarsi dei fatti lesivi della propria sfera giuridica. Un passo verso la trasparenza della pubblica amministrazione - e quindi del pieno riconoscimento del diritto all'informazione - è stato compiuto con le leggi 142 e 241 del 1990. E prima ancora era stata emanata la legge 816/85 che disciplinava il diritto dei cittadini di prendere visione degli atti di enti locali, aziende speciali, consigli circoscrizionali e unità sanitarie locali.

La legge 241 del 7 agosto 1990 (Nuove norme in materia di procedimento amministrativo e di diritto di accesso ai documenti amministrativi) disciplina l'accesso agli atti e/o documenti amministrativi dello Stato, mentre la 142 dell'8 giugno 1990 (Ordinamento delle autonomie locali) disciplina l'accesso agli atti degli enti locali. Mentre la 241 impone l'interesse per la tutela di situazioni giuridicamente rilevanti per favorire l'accesso, la 142 configura un vero e proprio diritto all'informazione amministrativa sulla base di un vantaggio che il soggetto potrebbe ricevere esercitando la libertà di informarsi.

L'articolo 7 della 142 prevede la pubblicità di tutti gli atti delle amministrazioni comunali e provinciali, ma pone un'eccezione - piuttosto indefinita - per quelli che potrebbero pregiudicare il diritto alla riservatezza di persone o imprese. La 142 definisce inoltre anche gli istituti di partecipazione riconoscendo il contributo che le forme associative possono dare all'amministrazione dell'ente. In tal senso i comuni sono chiamati a dare maggiore peso alle associazioni di cittadini coinvolgendole nell'attività amministrativa attraverso gli organismi di partecipazione.

La 241 afferma che l'attività amministrativa va svolta con efficacia, in economicità e nella massima trasparenza. Per tale ragione l'articolo 22 sancisce il diritto di accesso ai documenti amministrativi, ossia a qualsiasi rappresentazione grafica, fotocinematografica o elettromagnetica. Tale diritto può essere esercitato nei confronti di qualsiasi amministrazione dello Stato, comprese aziende autonome, enti pubblici, concessionari di pubblici servizi. L'accesso è escluso per i documenti coperti da segreto di Stato e in caso di esigenze di tutela - difesa nazionale, sicurezza, politica economica, ordine pubblico, repressione della criminalità - determinate con un decreto del Presidente della Repubblica.

Colui che vuole accedere agli atti ai sensi di questa legge, però, deve essere titolare di un interesse personale e concreto degno di tutela giurisdizionale. Lo stesso limite, seppure tra tanti mugugni, è stato riconosciuto pure ai giornalisti nonostante il Consiglio di Stato con la sentenza 570 del 1996 abbia riconosciuto agli organi di stampa una posizione di privilegio rispetto ai cittadini comuni proprio per il disposto dell'articolo 21 della Costituzione. E non è un caso se contro il limite dell'interesse personale e concreto si è espresso anche il Consiglio d'Europa con il provvedimento 19 del 1981 e con la circolare 81 del 1989. In questi, tale organo, raccomanda che «l'accesso all'informazione non sia rifiutato dall'amministrazione pubblica per il fatto che il richiedente non abbia particolari interessi protetti».

Nella Carta costituzionale non è previsto espressamente, ma c'è chi ha teorizzato un dovere informativo dello Stato e ne ha trovato l'avallo costituzionale nel secondo comma dell'articolo 3 che recita: «È compito della Repubblica rimuovere gli ostacoli di ordine economico e sociale che limitando di fatto la libertà e l'uguaglianza dei cittadini impediscono il pieno sviluppo della persona umana e l'effettiva partecipazione di tutti i lavoratori all'organizzazione politica, economica e sociale del Paese». Su tale punto si è espressa a favore anche la Corte Costituzionale con la sentenza 364 del 1988 affermando che un'informazione deficitaria o assente in capo ai cittadini non favorirebbe la promozione sociale della persona umana.

In questo discorso rientra pure il dettato della legge Mammì, la 223/90, che all'articolo 10 prevede l'obbligo da parte dei concessionari radiotelevisivi privati e pubblici di trasmettere comunicati pubblici in caso di eccezionali esigenze di pubblica necessità.

Anche l'informazione statistica rientrerebbe in qualche modo tra gli obblighi informativi dello Stato. La libertà di realizzare ricerche statistiche e di divulgarne i risultati deriverebbe dagli articoli 21 e 33 della Costituzione. Il tutto sarebbe giustificato dall'interesse pubblico che questo tipo di informazione rappresenterebbe come fonte di conoscenza quantitativa di quanto avviene nella società. Secondo alcuni questo strumento permetterebbe un efficiente e democratico intervento pubblico nella vita sociale e allo stesso tempo un controllo dell'attività governativa.

L'ufficio stampa allarga la libertà di informazione
E la figura del portavoce lo mette al riparo dagli elementi propagandistici. Ma il cammino è ancora lungo
di Roberto Olivieri*

Non mi pare sia mai stata scritta una storia organica degli uffici stampa basata su un'attenta ricerca documentale, in grado di mettere in luce il rapporto che intercorre tra queste fonti e i mezzi di comunicazione di massa. Se è così, penso che la lacuna andrebbe al più presto colmata, perché si tratta, tutto sommato, di indagare su una relazione non marginale tra potere pubblico e media. In attesa che qualche volenteroso storico del giornalismo si dedichi a questa meritoria fatica, colgo di buon grado l'invito dell'autore di questo libro a svolgere qualche schematica riflessione sul rapporto dialettico, ancora in piena evoluzione, tra queste strutture e la libertà di informazione.

Vediamo di circoscrivere l'area del nostro interesse. Spero di non sembrare esagerato dicendo che gli uffici stampa pubblici (perché è solo di questi che ci occuperemo) sono le strutture informative che maggiormente assomigliano alle agenzie di stampa. Il perché è presto detto. Hanno in comune un elemento basilare della comunicazione: il destinatario. Ambedue producono notizie non per lettori, radioascoltatori, o telespettatori, ma per tutto il sistema dei media. Il loro flusso informativo, organizzato e strutturato secondo regole professionali abbastanza simili, è destinato a subire un ulteriore trattamento: l'intermediazione giornalistica attuata dalle varie testate, cioè l'elemento fondante della libertà di stampa garantita dall'art. 21 della Costituzione. Si tratta allora di verificare se e in che misura gli uffici stampa operino realmente in modo da porsi al servizio di tutte le testate e quindi, potenzialmente, di tutti i cittadini. Questa, a mio avviso, è la discriminante principale, la via maestra per stabilire se sono strumenti che dilatano o restringono la libertà di informazione.

Ci sono una preistoria, una storia e un'attualità anche nella vita degli uffici stampa, il tutto raccolto in un arco temporale di poco meno di un secolo. L'elemento che lega i tre periodi, e che risulta interessante per l'argomento sviluppato in questo libro, è una sorta di lunga e travagliata marcia di trasferimento dalla propaganda all'informazione.

Una marcia con tante soste, fatta di molti passi avanti e di alcuni indietro. Se ne può piú o meno fissare un punto di partenza, ma il traguardo, che pure sembra sempre piú vicino, non è ancora stato tagliato. Non occorrono molte parole per descrivere la preistoria, anche perché è un periodo abbastanza omogeneo e statico. Coincide con l'avvento al potere del fascismo - che, come tutte le dittature, capisce subito l'importanza della propaganda - e termina con la sua rovinosa caduta, che trascinerà con sé le istituzioni e i protagonisti anche di questa particolare vicenda.

Gli uffici stampa del periodo fascista sono talmente organici al potere e alla propaganda che il più importante di questi è, naturalmente, l'ufficio stampa del governo Mussolini. Particolarmente attivo nel confezionare quelle veline necessarie ad orientare nella stessa direzione le testate sopravvissute alla chiusura, nel 1926, dei giornali di opposizione, si trasforma, nove anni dopo, in un vero e proprio pezzo di Stato, divenendo niente meno che Ministero della stampa e della propaganda (evviva la sincerità!).

Alla sua guida troviamo colui che può essere considerato il capo ufficio stampa più famoso di tutti tempi: Galeazzo Ciano. Il Ministero sarà coadiuvato nella sua nobile impresa di guardiano dell'informazione dall'agenzia di stampa Stefani, il cui direttore si suiciderà alla caduta del regime. Di mano in mano che da sud a nord l'Italia viene liberata dal giogo nazifascista, i giornali superstiti reagiscono subito e con vivacità al nuovo clima di libertà: quelli clandestini emergono alla luce del sole, le testate soppresse riprendono vita.

Non c'è ancora la Costituzione e, quindi, neppure la legge sulla stampa (la n. 47 del 1948), ma si manifesta ugualmente un grande fermento dialettico, sostenuto dal comprensibile desiderio di recuperare il ventennio perduto. Non si può dire la stessa cosa per gli uffici stampa, che sono gli ultimi a reagire alla nuova aria che si respira. Alla base di questa scarsa reattività c'è una ragione strutturale, la stessa che segna tutta la vicenda della comunicazione pubblica nel nostro paese: lo Stato, in tutte le sue articolazioni, rimane ancora un editore molto particolare.

Non ha più il potere, non ha più gli strumenti e neppure la mission di imporre le notizie all'opinione pubblica, ma è ancora dominato (e in molte sue parti lo resterà a lungo) da una cultura fortemente autoreferenziale, assai lontana dai cittadini. In un ambiente in cui trovano largo spazio il segreto militare, di Stato e soprattutto d'ufficio (quest'ultimo sarà dominante sino al 1990), non si crea certo l'humus più adatto allo sviluppo della comunicazione. La pubblica amministrazione comunica poco e quando proprio è costretta a farlo si accorge di non esserne granché capace. Del resto, ha imparato a fare solo propaganda.

Si tratta di un vero e proprio elemento strutturale, la cui natura è resa in modo efficace dalla riflessione filosofica che compie Jessica Rabbit, la conturbante moglie del coniglio Roger uscita dalla matita di un grande disegnatore, quando, in un momento drammatico della vita di Cartoonia, con grande sincerità afferma: «Io non sono cattiva, è che mi disegnano così!» (1). Quindi sarà una modalità comunicativa ancora molto legata alla propaganda a caratterizzare anche una prima fase dell'era storica degli uffici stampa, quella che, appunto, inizia dopo la Liberazione.

Naturalmente, non è sempre e ovunque così: nelle amministrazioni locali, dove il rapporto con i cittadini è più forte e diretto, la differenza rispetto allo Stato centrale si comincia a notare. Si avverte sempre più l'importanza di colloquiare con la società, di stimolare forme di partecipazione popolare alla gestione della vita pubblica, di usare di più le opportunità offerte dalla democrazia.

A tal proposito va ricordato come fatto storico estremamente significativo - anche perché si determina molto precocemente e attraverso forme certo sorprendenti per la loro modernità - la nascita del primo ufficio stampa di una amministrazione locale avvenuta sulla base di un atto deliberativo formale. Il 25 Settembre del 1946 il sindaco Giuseppe Dozza istituisce, infatti, quello del Comune di Bologna «per raccogliere e trasmettere alla stampa cittadina tutte le notizie relative al funzionamento dell'amministrazione comunale, al fine di una sempre maggiore collaborazione tra municipio e popolazione» (2).

Bisognerà tuttavia attendere il decennio tra il ´50 e il ´60 perché gli uffici stampa inizino a diffondersi nell'amministrazione locale. Sono generalmente piccole strutture composte da personale interno, quasi sempre con formazione burocratico-amministrativa, o nel migliore dei casi proveniente da servizi culturali. Natura e ruolo di queste strutture vengono via via precisandosi in relazione allo sviluppo democratico della società italiana e all'evoluzione del nostro sistema istituzionale.

Una tappa importante è rappresentata, nel 1970, dalla nascita delle

Regioni, che generalmente danno vita ad uffici stampa moderni, con una buona presenza di giornalisti professionisti, quasi sempre provenienti dall'esterno attraverso contratti privatistici. Un processo di rinnovamento che si riflette in modo positivo su tutta la comunicazione della pubblica amministrazione e che apre un nuovo capitolo, molto importante: quello della presenza e della valorizzazione della figura professionale del giornalista all'interno degli uffici stampa. Sono indubbiamente Comuni, Province e Regioni i veri protagonisti del rinnovamento della comunicazione pubblica.

Ma bisognerà attendere il 1990 per imboccare l'ultimo tratto di quel viaggio iniziato negli anni 20 e per entrare pienamente nei temi che caratterizzano l'attualità. Due leggi in quell'anno introducono con forza nelle amministrazioni pubbliche il diritto del cittadino ad essere informato: la 142, che riforma l'ordinamento degli enti locali e riconosce il ruolo permanente della comunicazione nella vita delle istituzioni, e soprattutto la 241, sull'accesso agli atti amministrativi, nota anche come legge sulla trasparenza.

Due provvedimenti le cui innovazioni vengono arricchite e rese più organiche dal D. Lgs. 29 del 1993, che istituisce gli uffici per le relazioni con il pubblico. Seguono poi, nel 1997, altre due leggi sulla semplificazione amministrativa (la 59 e la 127) che assegnano alla comunicazione e al suo linguaggio un ruolo chiave nello snellimento delle procedure e nell'avvicinamento del cittadino allo Stato.

Ma la svolta definitiva avviene nel giugno del 2000 con l'approvazione all'unanimità della legge 150, che regola l'attività di informazione e di comunicazione nella pubblica amministrazione assegnando a queste funzioni, in modo definitivo e inequivocabile, un ruolo strutturale nella vita della pubblica amministrazione.

È il punto di arrivo di un grande processo di riforma iniziato nel 1990 che, con sei leggi in dieci anni, fa recuperare al nostro paese molto del tempo perduto e lo allinea alle grandi democrazie europee. Ma è anche un punto di partenza, per tradurre i nuovi principi in comportamenti concreti, costanti e coerenti. Ecco perché la lunga marcia non si può considerare ancora finita.

Il cambiamento del contesto politico, culturale e istituzionale modifica via via competenze, strumenti e professionalità degli uffici stampa. Dalla condizione di "strutture omnibus" che intervengono (ovviamente come possono) su tutto lo spettro della comunicazione (rapporti con i media, certamente, ma anche relazioni pubbliche, promozione di eventi, produzioni editoriali, campagne di comunicazione ecc.), gli uffici stampa tendono poco per volta a definire meglio i loro compiti, ad aggregare in modo più razionale le varie attività. Si fa sempre più strada, soprattutto dopo l'istituzione degli Urp (1993), la suddivisione dell'intera materia in due grandi aree: la comunicazione, che ha come destinatario immediato e diretto il cittadino e che è presidiata dagli Urp, e l'informazione, che ha come destinatario il sistema dei media ed è curata dall'ufficio stampa. Si vanno anche precisando le figure professionali: il comunicatore all'Urp; il giornalista iscritto all'Ordine, non importa se pubblicista o professionista, all'ufficio stampa.

La razionale separazione della materia operata da questa (buona) legge comporta un sensibile miglioramento del rapporto con le redazioni. Anche la nuova identità dell'addetto stampa, chiamato ora a rispondere anche alle norme della professione e alla sua deontologia, favorisce la produzione di flussi informativi meno ideologizzati, più legati alla fattualità. In sostanza più amministrazione (che per sua natura è di tutti) e meno politica (che per sua natura è di parte). Per chiudere completamente il cerchio resta quindi da risolvere, sul piano dei principi e su quello della gestione, un problema reso ancora più cogente dopo l'elezione diretta del sindaco e del presidente della Provincia: quello legato alla comunicazione politica.

Un genere comunicativo che ha grande importanza e dignità quando viene espletato attraverso figure identificate e metodi trasparenti, ma che diventa fattore inquinante quando viene fatto passare surrettiziamente per canali impropri. La 150 risponde anche a questo aspetto prevedendo il portavoce, figura (non necessariamente un giornalista) che può affiancare il vertice dell' amministrazione per coadiuvarlo nei rapporti politico-istituzionali con gli organi di informazione.

Si tratta di un'altra innovazione molto importante, che contribuisce a mettere al riparo l'ufficio stampa da più o meno esplicite sollecitazioni di tipo politico, che finiscono poi per introdurre elementi propagandistici nei flussi informativi degli uffici stampa. Ma la parte forse più interessante di questa legge risiede nell'obbligatorietà dell'azione informativa da parte dello Stato. L'atto informativo diventa così parte integrante dell'atto amministrativo, e non una "varia ed eventuale" da confezionare solo quando lo si ritiene opportuno. L'affermazione di questo principio racchiude anche la conclusione del processo evolutivo del diritto sancito dall'art. 21 della Costituzione.

Nasce infatti come diritto attivo: libertà di opinione, di espressione e, quindi, di informazione. Ma una pronuncia della Corte costituzionale del 1972, ribadita anche nel 1974 e nel 1977, allarga questo concetto sino a comprenderne l'aspetto passivo, proprio per il riconosciuto interesse generale del cittadino ad accedere all'informazione.

Gli uffici stampa, allora, sono strumenti che allargano la libertà di informazione? Dal punto di vista dell'inquadramento normativo dei problemi mi sento di rispondere con un sì pieno. Dal punto di vista pratico, dell'azione quotidiana, conviene essere un po' più prudenti: sia perché la legislazione ha trovato finora gradi diversi di applicazione nelle varie aree del Paese, sia perché tutti i processi riformatori hanno bisogno di tempo per diventare patrimonio diffuso e consapevole. Del resto l'autocensura, l'omissione della notizia scomoda, o il suo taglio furbesco, non sono (o non sono sempre) stati comportamento esclusivo degli uffici stampa. È allora interesse comune, sia dei giornalisti delle redazioni sia di quelli degli uffici stampa, comprendere che la pubblica amministrazione costituisce la banca dati più potente di ogni paese del mondo. Rendere trasparente questa banca e comunicare in modo corretto, completo e non propagandistico i suoi dati costituisce una risorsa formidabile da mettere al servizio della libertà di informazione. Questo però deve essere compreso non solo dagli addetti ai lavori, ma anche dall'editore di riferimento dell'intero processo: il cittadino. Si potrà così considerare conclusa la lunga marcia di trasferimento dalla propaganda all'informazione.

Note

1 Dal famoso film Chi ha incastrato Roger Rabbitt di Robert Zemeckis.

2 Rovinetti, A. - Roversi, G (1988), L'ufficio stampa e l'informazione locale, Maggioli, Rimini.

*Responsabile comunicazione della Provincia di Bologna

2.17 Informazione e pubblicità

In principio furono i necrologi; poi fu la volta del Carosello. Oggi si chiamano spot. In una parola: pubblicità. Vista da qui, ossia dal cuore di questo lavoro, non vuol dire solo risorse finanziarie fondamentali per la sorte del giornalismo, bensì anche comunicazione. Oggi gli spot sono veri e propri lavori cinematografici - spesso capolavori - il cui obiettivo è lanciare un messaggio. Per questo vale la pena di parlarne. La cosa più importante - e della quale si è occupato anche il legislatore - è la distinzione tra pubblicità e comunicazione giornalistica.

Seppure diversa da quest'ultima si tratta certamente di un'espressione e di una manifestazione del pensiero e in quanto tale anch'essa gode delle stesse garanzie costituzionali ed è soggetta a ferree regole. Nonostante possa sembrare ovvio, l'inquadramento costituzionale della pubblicità commerciale è oggetto di una viva discussione sia in dottrina che in giurisprudenza.

Al proposito Maurizio Pedrazza Gorlero afferma: «Non si nega che la comunicazione pubblicitaria racchiuda una manifestazione del pensiero, spesso di carattere creativo ed artistico, e sia sotto questo profilo tutelabile ex articolo 21, ad esempio, nei confronti di una censura o di una manipolazione proveniente da chi dispone del mezzo di diffusione... S'intende, invece, rimarcare che ciò che distingue e identifica la comunicazione pubblicitaria è la circostanza che il fine economico ne costituisce un elemento di struttura, ossia che essa viene diffusa al fine di vendere il prodotto pubblicizzato».[77] Contro la sua tesi ci sono le due sentenze della Corte Costituzionale da noi già citate in altra parte di questo lavoro.[78]

Nel 1966 è stato scritto il Codice di autodisciplina pubblicitaria con l'obiettivo di fissare precise regole comportamentali. Tra queste sono previste:

- lealtà: anche la pubblicità deve essere veritiera, onesta, corretta e deve evitare discrediti;
- divieto di pubblicità ingannevole: non vanno presi in giro i consumatori e i prodotti vanno presentati per quello che realmente sono;
- va fatto un uso appropriato dei dati tecnici utilizzati nello spot;
- quanto promesso va mantenuto;
- i messaggi pubblicitari vanno sempre identificati rispetto al contesto nel quale sono inseriti, ossia deve essere sempre

distinguibile da altre forme di comunicazione;
- non si può fare leva sulla credulità, sulla superstizione o sulla paura della gente;
- non vanno usate immagini o affermazioni indecenti, violente o volgari;
- vanno rispettate le convinzioni morali, civili e religiose e la personalità della persona;
- è vietata la pubblicità denigratoria;
- non si può adottare una strategia pubblicitaria che mira a confondere il consumatore;
- vanno rispettate la salute e la sicurezza dei consumatori;
- non vanno turbati i bambini.

A questo ha fatto seguito, nel 1971, un altro codice, quello della lealtà pubblicitaria, elaborato dalla Confederazione generale italiana della pubblicità.

Con il decreto legislativo 74 del 25 gennaio 1992 è stata recepita anche in Italia la direttiva Ue 84/450 che, oltre alle norme di autoregolamentazione, prevede strumenti amministrativi e tutela giudiziariamente gli interessi dei consumatori di fronte alla pubblicità ingannevole. La sospensione degli effetti di questa forma pubblicitaria può essere chiesta da consumatori, associazioni, pubbliche amministrazioni, Ministero dell'Industria. I giornalisti sono obbligati a non usare la loro immagine o il loro nome per reclamizzare un determinato prodotto perché ciò potrebbe confondere il lettore-consumatore. Negli anni passati, ma anche negli ultimi tempi, ci sono stati casi di disobbedienza prontamente stigmatizzati e puniti dall'Ordine nazionale dei giornalisti.

A tal proposito lo Zaccaria e il Capecchi affermano: «Sebbene vi siano stati in certi momenti dei dubbi o delle perplessità da parte della Corte e anche da parte della dottrina a considerare la pubblicità e la propaganda come forme di manifestazione del pensiero, si può dire che tali perplessità appaiono del tutto anacronistiche nella società attuale che affida alla pubblicità le più sofisticate forme di manifestazione del pensiero sia in materia politica che in materia economica e a volte anche nel campo culturale e religioso».[79]

Note capitolo 2
1 P. Vercellone, Digesto, Libertà (Filosofia del diritto), pag. 848

2 P. Barile, Libertà di manifestazione del pensiero, Milano, Giuffrè editore, 1975, pag. 6 e ss.

3 S. Fois, Principi costituzionali e libera manifestazione del pensiero, Milano, Giuffrè editore, 1957, pag. 25 e ss. e pag. 112

4 V. Crisafulli, Problematica della «libertà d'informazione», Il Politico, Pavia, anno XIX, 1964

5 V. Crisafulli, op. cit., pag. 291 e ss.

6 M. Luciani, La libertà di informazione nella giurisprudenza costituzionale italiana, Politica del diritto, anno XX, numero 1, 1989

7 L'Osservatore Romano del 22.11.1974

8 A. Cerri, Giurisprudenza Costituzionale, 1974, pag. 611

9 F. Carnelutti, A proposito della libertà di pensiero, Il Foro italiano, vol. LXXX, Roma, Soc. ed. Foro italiano, 1957, pag. 144 e ss.

10 S. Fois, op. cit., pag. 37

11 M. Ruini, La nostra e le cento costituzioni del mondo. Commenti e note alla nostra costituzione, Milano, Giuffrè editore, 1962, pag. 102

12 E. Heinitz, I limiti della libertà di stampa, Archivio penale, Roma, 1957, pag. 5

13 S. Fois, op. cit., pag. 99 e ss.

14 S. Fois, op. cit., pag. 47 e ss.

15 S. Fois, op. cit., pag. 55 e ss.

16 S. Fois, op. cit., pag.14 e ss.

17 G. Cuomo, Manifestazione e divulgazione del pensiero a mezzo della stampa, Rassegna di diritto pubblico, Napoli, Jovene, anno VI, 1957, pag. 82 e ss.

18 C. Esposito, La manifestazione del pensiero nell'ordinamento italiano, Milano, Giuffrè editore, 1958, pag. 13

19 C. Esposito, La manifestazione del pensiero nell'ordinamento italiano, Milano, Giuffrè editore, 1958, pagg. 4, 5, 9, 10

20 G. Delitala, I limiti giuridici alla libertà di stampa, Iustitia, anno XII, Roma, 1959, pag. 384

21 V. Crisafulli, op. cit., pag. 294

22 P. Barile, op. cit., pag. 11 e C. Mortati, Istituzioni di diritto pubblico, Padova, Cedam, 1969, pag. 972

23 M. Luciani, op. cit., pag. 607

24 C. Chiola, L'informazione nella Costituzione, Padova, Cedam, 1973, pag. 3

25 S. Fois, op. cit., pag. 241 e ss.

26 C. Esposito, op. cit., pagg. 11 e 22

27 S. Fois, op. cit., pag. 29 e ss.

28 S. Fois, La libertà di «informazione», Rimini, Maggioli editore, 1991, pag. 15

29 E. Heinitz, I limiti della libertà di stampa, Archivio penale, Roma, vol. XIII, parte I, 1957, pag. 6

30 S. Fois, op. cit., pag. 201 e ss.

31 C. Chiola, L'informazione nella Costituzione, Padova, Cedam, 1973, pag. 7 e ss.

32 V. Crisafulli, op. cit., pag. 287 e ss.

33 S. Fois, op. cit., pag. 103

34 C. Chiola, op. cit., pag. 36

35 S. Fois, op. cit., pag. 108

36 M. Ruini, op. cit., pag. 106 e ss.

37 S. Fois, op. cit., pag. 247 e ss.

38 G. Lucatello, Sul V comma dell'art. 21 della Costituzione, Archivio Giuridico, S.T.E.M.- Mucchi, 1977

39 G. Lucatello, op. cit., pag. 17

40 G. Lucatello, op. cit., pag. 18 e ss.

41 A. Loiodice, Diritto alla informazione in Miscellanea, Bari, Cacucci, 1977, pag. 139

42 C. Esposito, op. cit., pag. 40

43 S. Fois, op. cit., pag. 188

44 C. Chiola, op. cit., pag. 129

45 C. Chiola, op. cit., pag. 114 e ss.

46 M. Ruini, op. cit., pag. 104

47 G. Delitala, op. cit., pag. 386

48 S. Fois, op. cit., pag. 124

49 M. Ruini, op. cit., pagg. 116 e 117

50 S. Fois, op. cit., pag. 128 e 134

51 G. Delitala, op. cit., pag. 391

52 P. Barile, Libertà di manifestazione del pensiero, Milano, Giuffrè editore, 1975, pag. 129

53 S Fois, op. cit., pag. 152 e ss.

54 V. Crisafulli, op. cit., pag. 300

55 C. Esposito, op. cit., pag. 24

56 A. Greco, La libertà di stampa nell'ordinamento giuridico italiano, Roma, Bulzoni editore, 1974, pag. 100

57 A. Greco, op. cit., pag. 105 e ss.

58 U. De Siervo, Enciclopedia del diritto, vol. XLIII, pag. 593 e ss.

59 Giurisprudenza Costituzionale, 1977, I, pag. 738

60 U. De Siervo, op. cit., pagg. 628 e 631

61 C. Gessa e G. Votano, Digesto, Stampa, pag. 528

62 P. Barile, op. cit., pag. 29

63 A. Loiodice, Informazione (diritto alla), Enciclopedia del diritto, vol. 21, pagg. 477, 478, 482, 489

64 E. Heinitz, I limiti della libertà di stampa, Archivio penale, vol. XIII, parte I, Roma, 1967, pag. 7

65 V. Crisafulli, op. cit., pag. 290 e ss.

66 A. Loiodice, L'informazione, in Manuale di diritto pubblico, Bologna, Il Mulino, 1994

67 A. Loiodice, Le radici nella Costituzione, in Verso il diritto all'informazione, Bari, Laterza, 1991, pag. 95

68 A. Loiodice, op. cit., pag. 97 e ss.

69 N. Lipari, Già diritto in Verso il diritto all'informazione, Bari, Laterza, 1991, pag. 90

70 A. M. Sandulli, Un giurista per la democrazia: interventi sulla stampa, Napoli, Jovene, 1987, pag. 75

71 L. Paladin, La libertà d'informazione in Studi di diritto pubblico comparato, vol. XI, Torino, Utet, 1979, pag. 45

72 A. Loiodice, Diritto alla informazione in Miscellanea, Bari, Cacucci, 1977, pag. 131 e ss.

73 S. Fois, op. cit., pag. 202 e ss.

74 P. Barile e S. Grassi, Informazione (libertà di), Digesto appendice, pag. 206

75 R. Zaccaria e L. Capecchi, La libertà di manifestazione del pensiero in Trattato di diritto amministrativo, vol. XII, Padova, Cedam, 1990, pag. 337

76 P. Barile e S. Grassi, op. cit., pag. 208

77 M. P. Gorlero, Giornalismo e Costituzione, Padova, Cedam, 1988, pag. 113

78 Si tratta delle sentenze nr. 32 del 26.01.57 e nr. 38 del 24.06.61.
Vedi pag. 161
79 R. Zaccaria e L. Capecchi, op. cit., pag. 303

Restiamo in contatto

Ti voglio ringraziare per aver letto questo manuale.

Se il saggio è stato di tuo gradimento scrivi una breve recensione o assegna 5 stelle di rating su Amazon o sullo store da cui hai proceduto all'acquisto. In tal modo mi aiuterai nel mio non facile lavoro di scrittore e farai una gradita cortesia a tanti altri lettori che sono alla ricerca di qualcosa di valido da leggere.

Inoltre, io pongo molta attenzione ai miei lettori e amo restare sempre in contatto con loro.

Sono perciò molto interessato a capire cosa ti è piaciuto e cosa, eventualmente, non è stato di tuo gradimento. E, pertanto, mi piacerebbe ricevere un tuo commento o un suggerimento o una proposta che puoi inviare all'indirizzo mail qui sotto.

info@cesariopicca.it

Bibliografia

Abbamonte Giuseppe, Divieti di P.s. e diffusione del pensiero, Rassegna di diritto pubblico, parte II, sezione IV, anno VI, Napoli, Jovene, 1951

Abruzzo Franco, Il giornalista, la legge e l'esame di Stato, Milano, Ass. Walter Tobagi per la formazione al giornalismo, 1992

Barile Paolo, Libertà di manifestazione del pensiero, Milano, Giuffrè editore, 1975

Barile Paolo e Grassi Stefano, Informazione (libertà di), Digesto, appendice, Torino, Utet, 1988

Bianco Rosanna, Il diritto del giornalismo - Guida alla professione, Padova, Cedam, 1997

Borsa Mario, La libertà di stampa, Milano, Corbaccio, 1925

Cantarano Cassiodoro, Codice della legislazione sulla stampa con note di commento, bibliografia e giurisprudenza, Roma, Stamperia nazionale, 1976

Carcano Giancarlo, Il fascismo e la stampa - 1922-1925 L'ultima battaglia della Federazione nazionale della stampa contro il regime, Torino, Guanda, 1984

Caretti Paolo, Diritto pubblico dell'informazione - Stampa, radiotelevisione, teatro e cinema, Bologna, Il Mulino, 1994

Carnelutti Francesco, A proposito della libertà di pensiero, Il Foro italiano, Vol. LXXX, Roma, 1957

Cerri Augusto, Libertà negativa di manifestazione del pensiero e di comunicazione - diritto alla riservatezza: fondamento e limiti, Giurisprudenza costituzionale, Milano, Giuffrè editore, 1974

Cerri Augusto, Libertà di pensiero: manifestazione, diffusione, mezzi, Giurisprudenza costituzionale, Milano, Giuffrè editore, 1972

Cheli Enzo, In tema di legittimità costituzionale dell'Ordine e dell'albo dei giornalisti, Giurisprudenza costituzionale, Milano, Giuffrè editore, 1968

Cheli Enzo e Barile Paolo, La stampa quotidiana tra crisi e riforma: problemi giuridici e organizzativi, Bologna, Il Mulino, 1976

Cheli Enzo, Manifestazione, divulgazione e esercizio di attività economiche connesse alla divulgazione del pensiero, Giurisprudenza costituzionale, Milano, Giuffrè editore, 1961

Chiola Claudio, La pubblicità «istituzionale» della Regione, Giurisprudenza costituzionale, Milano, Giuffrè editore, 1990

Chiola Claudio, L'informazione nella Costituzione, Padova, Cedam, 1973

Chiola Claudio, Manifestazione del pensiero (libertà di), Enciclopedia giuridica Treccani, Roma, 1990

Corasaniti Giuseppe, Diritto dell'informazione - Linee generali della legislazione e della giurisprudenza costituzionale per l'impresa di informazione e la professione giornalistica, Padova, Cedam, 1992

Corasaniti Giuseppe, Impresa di libertà in Verso il diritto all'informazione, Bari, Laterza, 1991

Costanzo Pasquale, Informazione nel diritto costituzionale, Digesto delle discipline pubblicistiche, vol. VIII, Torino, Utet, 1993

Crisafulli Vezio, Problematica della libertà di informazione, Pavia, Il Politico, anno XXIX, n.ro 1, 1964

Cuomo Giuseppe, Libertà di stampa e impresa giornalistica nell'ordinamento costituzionale italiano, Napoli, E. Jovene, 1956

Cuomo Giuseppe, Manifestazione e divulgazione del pensiero a mezzo della stampa, Rassegna di diritto pubblico, parte II, sezione IV, anno VI, Napoli, E. Jovene, 1951

De Felice Renzo, Mussolini il duce, in Mussolini, Torino, Einaudi, 1974

De Felice Renzo, Storia degli ebrei italiani sotto il fascismo, Torino, Einaudi, 1972

Delitala Giacomo, I limiti giuridici alla libertà di stampa, Iustitia, anno XII, Roma, 1959

Della Peruta Franco, Il giornalismo dal 1847 all'Unità, in Storia della stampa italiana vol. II, Bari, Laterza, 1976-1994

De Siervo Ugo, Stampa (diritto pubblico), Enciclopedia del diritto, vol. XLIII, Milano, Giuffrè editore, 1979

Esposito Carlo, La libertà di manifestazione del pensiero nell'ordinamento italiano, Milano, Giuffrè editore, 1958

Flora Francesco, Ritratto di un ventennio - la stampa dell'era fascista, Bologna, edizioni Alfa, 1945

Fois Sergio e Aljs Vignudelli, Codice dell'informazione e della comunicazione, Rimini, Maggioli editore, 1986

Fois Sergio, Giornalisti, Enciclopedia del diritto, vol. XVIII, Milano, Giuffrè editore, 1979

Fois Sergio, La libertà di «Informazione» - Scritti sulla libertà di pensiero e la sua diffusione, tomo I, Rimini, Maggioli editore, 1991

Fois Sergio, Principi costituzionali e libera manifestazione del pensiero, Milano, Giuffrè editore, 1957

Frignani Aldo e Rossi Giuseppe, Radiotelevisione, Digesto delle discipline civilistiche, vol. XVI, Torino, Utet, 1997

Gessa Carlo e Votano Giulio, Stampa, Digesto, Torino, Utet, 1996

Greco Albino, La libertà di stampa nell'ordinamento giuridico italiano, Roma, Bulzoni editore, 1974

Grosso Carlo Federico, Stampa - Disposizioni penali, Enciclopedia giuridica Treccani, Roma, 1990

Heinitz Ernest, I limiti della libertà di stampa, Roma, Archivio Penale, Vol. XIII, parte I, 1957

Lazzaro Giorgio, La libertà di stampa in Italia dall'Editto albertino alle norme vigenti, Milano, Mursia, 1969

Lefevre Renato, L'Editto albertino sulla stampa del 1848 in Saggi e studi di pubblicistica, seconda, terza e quarta serie, Roma, Istituto italiano di pubblicismo, 1954

Lipari Nicolò, Già diritto in Verso il diritto all'informazione, Bari, Laterza, 1991

Loiodice Aldo, Contributo allo studio della libertà d'informazione, Napoli, Jovene, 1969

Loiodice Aldo e Giocoli Nacci Paolo, Diritto alla informazione in Miscellanea - scritti vari di diritto costituzionale, Bari, Cacucci editore, 1977

Loiodice Aldo, Informazione (diritto alla), Enciclopedia del diritto, vol. XXI, Milano, Giuffrè editore, 1971

Loiodice Aldo, Le radici nella Costituzione in Verso il diritto all'informazione, Bari, Laterza, 1991

Loiodice Aldo, L'informazione, Manuale di diritto pubblico, Bologna, Il Mulino, 1984

Loiodice Aldo, Problematica costituzionale dell'informazione, Bari, Cacucci, 1973

Loiodice Aldo, Situazioni costituzionali e diritto all'informazione in Editoria e stampa, vol. XIII, Padova, Cedam, 1990

Luciani Massimo, La libertà di informazione nella giurisprudenza costituzionale italiana, Politica del diritto, Roma, anno XX, numero 1, 1989

Lucatello Guido, Sul V comma dell'art. 21 della Costituzione, Archivio giuridico, S.t.e.m. - Mucchi, 1977

Magnanensi Simona, Televisione, stampa e editoria, Digesto delle discipline penalistiche, vol. XIV, Torino, Utet, 1999

Marzano Flora, Professione giornalistica e responsabilità civile, Giurisprudenza costituzionale, Milano, Giuffrè editore, 1985

Molari Alfredo, Osservazioni sul limite del buon costume alla libertà di manifestazione del pensiero, Rivista italiana di diritto e procedura penale, Milano, Giuffrè editore, anno IX, 1966

Mortati Costantino, Istituzioni di diritto pubblico, Padova, Cedam, 1969

Murialdi Paolo, La stampa del regime fascista, Bari, Laterza, 1986

Murialdi Paolo, Storia del giornalismo italiano, Bologna, Il Mulino, 1996

Nuvolone Pietro, Cronaca (libertà di), Enciclopedia del diritto, vol. XI, Milano, Giuffrè editore, 1979

Nuvolone Pietro, Stampa, Digesto appendice, Torino, Utet, 1995

Paladin Livio, La libertà di informazione in Studi di diritto pubblico comparato, vol. XI, Torino, Utet, 1979

Pedrazza Gorlero Maurizio, Giornalismo e Costituzione, Padova, Cedam, 1988

Pedrazza Gorlero Maurizio, Pratica giornalistica e libertà di stampa, Giurisprudenza costituzionale, Milano, Giuffrè editore, 1974

Piovene Guido, La coda di paglia, Milano, Mondadori, 1962

Pugliatti Salvatore, Conoscenza, Enciclopedia del diritto, vol. IX, Milano, Giuffrè editore, 1961

Ruini Meuccio, La nostra e le cento costituzioni del mondo. Commenti e note alla nostra costituzione, Milano, Giuffrè editore, 1962

Sandulli Aldo M., Un giurista per la democrazia: interventi sulla stampa, Napoli, E. Jovene, 1987

Sandulli Maria Alessandra, Radioaudizioni e televisione, Enciclopedia del diritto, vol. XXXVIII, Milano, Giuffrè editore, 1987

Tamassia Franco, Informazione e partecipazione in Verso il diritto all'informazione, Bari, Laterza, 1991

Veneziano Giuseppe Antonio, Stampa - Libertà di stampa, Enciclopedia giuridica Treccani, Roma, 1990

Vercellone Paolo, Libertà (filosofia del diritto), Digesto, Torino, Utet, 1992

Viali Antonio e Faustini Gianni, La professione di giornalista e il suo ordinamento, Roma, Centro di documentazione giornalistica, 1992

Zaccaria Roberto e Capecchi Luca, La libertà di manifestazione del pensiero, Trattato di diritto amministrativo, Vol. XII, Padova, Cedam, 1990

Zagrebelsky Gustavo, Questioni di legittimità costituzionale della legge 3 febbraio 1963 numero 69, istitutiva dell'ordine dei giornalisti, Giurisprudenza costituzionale, Milano, Giuffrè editore, 1968

Zuanelli Elisabetta (a cura di), Il diritto all'informazione in Italia, Roma, Presidenza del Consiglio dei Ministri - Dipartimento per l'informazione e l'editoria, 1990

Senza bavaglio - L'evoluzione del concetto di libertà di stampa

Leggi *Tremiti di paura*
Una turista uccisa mentre è in vacanza alle Isole Tremiti

In vacanza nelle Perle dell'Adriatico, una ricca e affascinante turista bolognese viene barbaramente ammazzata. Tocca agli investigatori del Reparto operativo di Foggia scoprire chi è l'autore di questo efferato femminicidio. Il cronista salentino Rosario Saru Santacroce ha deciso di staccare la spina per una settimana godendosi la fantastica atmosfera delle Isole Tremiti. Ma quell'infuocato luglio gli riserva una sorpresa. Per l'ennesima volta le sue ferie vengono sconvolte da quel lavoro che ne fagocita tutte le energie. Perché il cronista è maledetto ed è costretto a non staccare quasi mai la spina.

Per questo Saru sveste i panni del vacanziero per indossare quelli del segugio a caccia di notizie da raccontare ai propri lettori. Comincia in quel momento la frenetica caccia alle notizie che lo porta a scontrarsi con gli inquirenti ma anche con la sua donna. I primi non amano i giornalisti e vivono di segreti investigativi, la seconda è gelosa di quel lavoro che non le dà l'opportunità di essere al centro dell'attenzione. Il certosino lavoro dei carabinieri permette di svelare l'autore del delitto e il movente. Si scopre, così, che l'affascinante ed enigmatica turista bolognese è stata ammazzata da chi le aveva giurato di amarla. E a scovare l'assassino è un'altra donna, la pm che coordina le indagini. Puoi leggere questo giallo anche nella versione inglese con il titolo di Murder in the Tremiti Isles.

Leggi *Il dio danzante – delitto nel Salento*
Nulla è come appare in questa inchiesta nel cuore del Salento

Un giallo avvincente ambientato nel Salento dove i carabinieri sono impegnati nelle ricerche di un pericoloso ergastolano evaso dall'ospedale Vito Fazzi di Lecce sparando all'impazzata. È l'unico che conosce dove sono nascosti 200 chilogrammi di lingotti d'oro, frutto di una sanguinosa rapina avvenuta qualche anno prima. Pertanto le indagini per la sua cattura si intrecciano con quelle per il recupero di quell'ingente bottino.

Questa volta il cronista salentino Rosario Saru Santacroce gioca in casa e segue le indagini con il solito piglio e conoscenza della materia. Lo sciamano neolitico che si trova nella grotta dei Cervi è tra le figure centrali di questo giallo che si immerge nel mondo della criminalità organizzata. Il fuggitivo, soprannominato u masciu, è infatti un killer della Sacra corona unita e sua moglie non è affatto la persona garbata e sottomessa che finge di essere.

Come nelle precedenti avventure anche qui si intrecciano fantasia e realtà, cronaca e racconto, storia e attualità. Con le sue riflessioni e con il colpo di scena finale sarà inevitabile constatare quanto sia difficile o quanto meno problematico fare i conti con le proprie certezze e con le proprie convinzioni...

Leggi *Vite spezzate*
Delitti inquietanti a Londra

Un thriller psicologico mozzafiato ambientato a Londra dove il bravo e promettente detective di Scotland Yard, Sonny D'Amato, ha il compito di fermare un sadico serial killer che ha torturato e ucciso tra giovani studenti. Gli indizi portano ad indagare tra vecchi casi di abusi su minori che potrebbero essere tra le cause scatenanti di una labile mente sofferente.

Infatti, la sofferenza di chi da bambino non conosce amore e affetto ma subisce solo abusi può trasformarsi nel peggiore degli incubi quando si innesca quel pericoloso fattore di stress che scatena l'ira spingendo una persona a varcare l'infernale soglia del non ritorno.

Grazie anche al prezioso aiuto della coroner July Pence, il detective Sonny D'Amato scava nel passato alla ricerca del filo logico che gli permette di risolvere l'intricato enigma. Con molta probabilità otterrà quella promozione che sentiva di meritarsi senza però riuscire a gioirne. Il suo animo, infatti, è preso in ostaggio dal dolore che trasuda da quest'indagine che gli fa perdere di vista la differenza tra la vittima e il carnefice. Perché, come ha scritto Aleksandr Solgenitsin, «la linea che separa il bene dal male attraversa il cuore di ognuno». Di questo thriller c'è anche la versione inglese Broken Lives.

Leggi *L'intrigo – guanti puri e senza macchia*

Due donne coraggiose e innamorate contro la ndrangheta e i suoi accoliti in Calabria

La politica dell'immigrazione è una miniera d'oro per la ndrangheta che può contare sulla connivenza di politici, prelati e colletti bianchi per raggiungere i propri lucrosi scopi. Ma non ha fatto i conti con due donne agguerrite e impavide capaci di contrastare gli affari della criminalità organizzata. Due eroine innamorate che fanno trionfare la giustizia smascherando un complesso intreccio politico-mafioso-clericale che fa affari sfruttando i migranti e usando la massoneria come capro espiatorio.

Le loro indagini fanno emergere ciò che si cela dietro un mortale groviglio di falsi dossier, giornalisti prezzolati, interessi economici, criminalità organizzata, politici corrotti e clerici poco propensi alla carità cristiana.

Compagne di vita, con la complicità di Saru, le due donne fanno scattare le manette ai polsi di onorevoli, imprenditori, uomini di chiesa e boss mafiosi che vedono in alcuni massoni di buona volontà un ostacolo ai loro progetti di arricchimento personale. E quando l'azione di inquirenti e investigatori si rivela insufficiente, ci pensa il caso. È proprio il destino a impedire che il sonno della ragione generi un nuovo mostro. Ad evitare che una labile mente, obnubilata da campagne di odio, metta a segno il proprio disperato disegno di morte.

C'è molta cronaca in questa nuova avventura gialla del cronista salentino Rosario Santacroce. Saru è alle prese con una pericolosa indagine che parte dalla Calabria e coinvolge l'intera penisola. E sullo sfondo c'è il mondo dell'esoterismo.

Leggi *Il filo rosso – delitto sui colli*
A Bologna una violenza così non si vedeva dai tempi della Uno bianca

Nel giro di poco tempo sei persone vengono assassinate a Bologna apparentemente senza un perché. C'è un sottile filo rosso che le unisce in un tragico destino. Una fatale casualità che dimostra quanto sia costoso trovarsi nel posto sbagliato al momento sbagliato. Per le forze dell'ordine è dura sbrogliare questa complicata situazione.

Ed è ancora più difficile avendo tra i piedi il solito cronista ficcanaso, il salentino Saru Santacroce: le sue fonti gli permettono di sapere sempre qualcosa in più dei colleghi. Ma molto spesso il diritto di informare non collima con le esigenze investigative, pertanto lo scontro con gli investigatori è sempre dietro l'angolo.

Intanto il clima a Bologna diventa incandescente perché una tale violenza non si vedeva dai tempi bui della banda della Uno bianca.

Leggi *L'ottavo giorno – la debellazione*
A Napoli c'è un assassino che strappa il cuore alle sue vittime

Sei persone di specchiata moralità vengono uccise a Napoli con modalità che paiono seguire una sorta di tragico e sanguinario rituale. Alle vittime viene strappato il cuore e ciò fa pensare all'opera di una setta o al risultato di un profondo e mortale squilibrio mentale.

Non è facile il lavoro della squadra mobile perché le pressioni sono davvero tante di fronte a una tale furia omicida e con esse anche le insidie che emergono prepotentemente da un'indagine in cui si legano vecchi e nuovi episodi di cronaca.

Ma Maria Cota, la nuova dirigente dell'ufficio, non è certo una persona che si lascia demoralizzare facilmente. Lo dimostra il suo curriculum oltre che l'ultima vicenda che l'ha vista protagonista in Calabria prima del suo approdo all'ombra del Vesuvio. Inoltre, può sempre contare sulla sua compagna, la pm Carla De Paolis come lei appena arrivata nel capoluogo campano come procuratore aggiunto.

Le loro strade si incrociano con quella del cronista salentino Saru Santacroce. Anche lui vive a Napoli, innamorato di una città capace di dare armonia al proprio disordine e di sorridere nonostante paia andare a braccetto con i guai. La vita, che sa essere molto spesso imprevedibile, riserva a Saru e alle due donne un colpo di scena. E il loro legame di amicizia subisce inaspettate evoluzioni.

Gioco mortale – delitto nel mondo della trasgressione

Un intricato mistero a luci rosse per la squadra mobile di Bologna

Un giallo ricco di mistero e suspense che conduce il lettore nel mondo della trasgressione mentre segue le indagini della squadra mobile di Bologna. La polizia deve fare luce sull'omicidio di un ricco e gaudente uomo d'affari bolognese che viene trovato morto nella sua lussuosa villa a ridosso dei giardini Margherita. Il cronista salentino Saru Santacroce segue il lavoro investigativo per dare un nome all'assassino.

Grazie alle sue conoscenze e a una buona dose di fortuna, Saru ha sempre qualcosa in più degli altri colleghi. Ma non è facile lavorare quando le esigenze degli inquirenti e quelle del circo mediatico non collimano. La polizia scopre che la vita privata della vittima è ad alta tensione erotica. L'uomo, infatti, frequenta club privé, organizza orge nella sua villa e ama sperimentare nuovi ambiti alla stessa stregua del marchese De Sade.

La donna di servizio che lo conosce da sempre ha un'idea completamente diversa di quell'uomo di cui è innamorata. Lo sa molto bene l'altra protagonista femminile di questo giallo che insieme a lui vive la trasgressione in tutte le sue sfumature, anche quelle più inconfessabili. Non è facile per la polizia scoprire chi ha assassinato l'uomo dal passato tenebroso che fa affari anche con la criminalità organizzata. In questo giallo, Saru Santacroce dimostra di conoscere molto bene il mondo della trasgressione. Un universo che vive e descrive con dovizia di particolari spesso forti e ad alta intensità erotica.

Leggi *Cento giorni*

Non è un giallo ma un romanzo che racconta un'intensa e avvincente storia d'amore

Un'intensa e passionale storia d'amore tra una bella ragazza salentina e un affascinante lord scozzese si intreccia con un'avventurosa corsa contro il tempo per salvare il mondo. Un romanzo che permette al lettore di perdersi nelle pieghe di un profondo sentimento che tutto anima, tutto determina e tutto alimenta. Perché, come scriveva la poetessa Elizabeth Barrett Browning, "chi ama, crede nell'impossibile".

I protagonisti di questo imperdibile romanzo sono pedine di un disegno più grande che mira a perpetuare quel sentimento nonostante il tentativo dell'uomo di smarcarsi dal giogo di colui che vede come un burattinaio per ergersi a dispensatore della vita attraverso la clonazione. Un progetto che non può portare buoni frutti perché destinato solo a causare morte e distruzione.

Comincia così una rocambolesca corsa contro il tempo per spegnere le velleità divine di chi è nato dalla polvere e per ridare speranza di salvezza. Cento giorni per cambiare il destino che è nelle mani di due donne che l'amore lo hanno vissuto in maniera profonda e viscerale. Tocca proprio alla bellissima ragazza salentina e alla figlia nata dalla relazione con il lord scozzese far vincere questo nobile sentimento. Nonostante vengano entrambe segnate da una profonda quanto struggente storia d'amore, non si arrendono all'imponderabile. Perché se anche il destino dà l'impressione di accanirsi contro, comunque regala loro la gioia di un'intensa emozione che le due vivono insieme al lettore.